現代公共關係法

The Public Relation and Law

劉俊麟◎編著

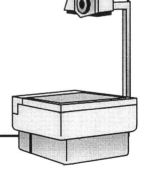

現代公共關係法

The Public Relation and now

揚智文化公司

推薦序

　　公共關係近十年來在台灣已成為非常熱門的名詞，導致許多企業不落人後地設立公關部門，公關公司有如雨後春筍般成立，連年輕人也趨之若鶩，視公關為一種時髦、前衛及多采多姿的行業。然而深入檢視一番，卻可以發現真正了解公關意義及價值的人其實不多，一般人還是認為公關就是靠新聞宣傳、以活動造勢或透過特別關係去影響法令的訂定及執行。

　　事實上，公共關係的精神，並非建立在一種自私的基礎上，因此也不能以利己作為出發點。曾經有一位專家說過：「公關的九十分是做對的事情，十分才是將它說出去。」言簡意賅地說，就是企業若要建立良好的形象以爭取支持及信賴，企業的一切行為都必須以大眾的利益為主要的考量，先利他才能進而發展出利己的經營環境。

　　從事公關多年來，固然欣見在台灣公關人的心血灌溉與努力下，使得越來越多的企業日益重視公關，並逐漸了解到在廣告之外，還有一種使企業及其產品成功的手段。另一方面，卻也擔心企業經常將公關視為行銷的利器，卻從不深入去耕耘及經營公共利益，大家都重視利己而非利他，忽視了公共關係以誠為本的基本精神。

　　一直以來覺得研究法律的人，也許最不了解公關，因為法律

非黑即白，不容許有灰色地帶；但是公共關係卻是在考量許多因素後，所發展出的人性化企業行為，往往無法以二分法分辨對錯，所以若以法律人的素養去處理公關，常有缺乏彈性之虞。

在看過劉俊麟先生的《現代公共關係法》後，我的看法有了一百八十度的轉變。劉先生能在法律實務中研究公共關係對社會之貢獻，顯然做到了法、理、情兼顧，甚至以符合大眾利益為最終依歸，努力建立一個公平、和諧的社會。這樣的作法，比之很多自命為公關專家的人，可謂更了解公關的真諦。

劉先生說，人生因有夢而築夢踏實，但願我們所有希望藉著推動公共關係而建立一個君子社會的理想者，都能築夢成功。

梁美芬琳

前　言

　　這些年來協助處理過許多大大小小的企業經營或法律相關的個案，然而經常會感到一種無力感油然而生，因為社會當中有著太多的企業或家庭、個人，根本未曾深思自己生存中的眞實意義，所以造成現實的是非糾紛不斷的在社會中上演著，例如醫師對於醫療行為未盡到自己應盡的責任、建商未切實作好水土保持、企業未考慮交易風險的規劃、個人未作好生涯的危機處理意識及家庭親子間正確敎育模式等等；而使得這些問題不斷的在報章雜誌上重複上演著一幕幕令人感到痛心疾首的悲劇畫面，但卻始終未引起這個社會的注意與反省，以致問題叢生並不斷擴大。

　　加上多年來在法律實務研究中打滾，也讓筆者感到法律本身的悲哀，因為法律只是一面誠實的鏡子，所以它可能只依據事實及相關證據，反應現狀上形式的是非，但卻無法眞正地達到實質正義的回饋，加上今日司法正義在未認定一個人有罪前便將其視為犯人，及部分律師、司法官惡質化的侵害人權作法，早已經讓司法呈現出窘態，因而才有新任司法院翁院長提議修改之刑事訴訟之無罪推定及檢方與被告席次對等的司法改革藍圖出現；然而十分可惜的是一般民眾在司法未清之前，仍然無法明白這類避險的完善規劃措施，導致許多爭議即使爭訟仍然無功而返的困境，這點在企業經營上亦復如此，實在讓筆者對這些民眾與企業的危

機意識感到憂慮與好奇。

　　所以筆者常常自問：法律可否成為一門「經世助人的哲學」，而這些是否能夠從逐漸消失、淡化的社會語言、習俗，甚至人類深層的精神層面深入去探討，而非只是逐步流向純粹數理邏輯量化的思考模式呢？此種契機的轉化亦是否能夠從西方衰敗的外在，再度回歸東方原有的經驗痕跡表現呢？這勢必將考驗下一世代人類的智慧與是否徹底了悟人世間這層禪機之所繫屬為何？

　　而我國公共關係業務的發展以政府及公營企業為濫觴，但近年公關行業的興起，其影響所及對企業界的省思實居首要之功。

　　因此特別從法律人的公關思維出發，來探究真實公共關係法的基本真諦與經驗分享，如此將會讓人生因有夢，而築夢踏實，並產生一種經世之美感；不過在臨門這一腳前，必須多學習專業知識及多交一些朋友，進行對話來自我提升觀念，希望能夠有另一番不同的體悟。

　　而所謂公共關係，是企業管理工作的一部分，藉由公共關係的推動，一方面可以了解社會大眾對這個企業的希望；另一方面又可促使這個企業擬訂出確實符合社會大眾利益的政策及計畫，從而妥善執行，藉以贏取社會大眾的支持。同時公共關係不僅只是人際關係，而是釐定經營政策的基本必備要素，藉此透過大眾傳播媒體，以爭取社會大眾的廣泛認同與支持。

　　除此之外，公共關係更是個人形象及人格權的自我建立核心觀的啟發，因為過去很少有人真正明白該如何去爭取自己的權益，這點亦是未來建立個人公關的正確方向觀。

　　晚近國內業者成功地打贏數宗ITC訴訟，已大幅降低國人對於ITC程序的恐懼感。

　　而在整合性傳播而言，除了包括廣告、促銷、公共關係、公關策略及直銷等傳播功能外，更負責公司、客戶活動的發布，執行客戶之公關計畫、安排參訪，以及和政府、媒體交涉（例如贊助）與購買，以便使訴求更為凸顯，這才是現代化整合行銷的重要關鍵所繫。

　　廣告則是強化公關的溝通功能，以達到提醒及促成消費大眾採取行動的一種行動方式，而公關則是先期建立品牌形象及媒體關係的前置程序，以培養彼此間之默契；兩者相輔相成，至於二者共通處均是具有宣傳、告知、促銷及兼具溝通、創意表達的特質；其差別則在公關必須同時具備企劃、寫稿、溝通及組織的統合性能力。

　　所以最佳的公共關係便是對外塑造良好的企業形象及適當的廣告宣傳、媒體關係；對內應促使行銷、人事、生產、財務、研發及服務各部門相互支援，交互運用，以達成良好公共關係的任務。

　　近來日本泡沫經濟的崩盤、亞洲地區的金融風暴以及台灣內部企業的倒閉效應所衍生的一些連鎖反應，相關企業如不能洞燭產業因應危機的公關之道，在不久的未來，一連串如排山倒海而來的風暴必將瓦解心血付出的結晶。

目　錄

緒　論

　　許多人常將公共關係與人際關係混淆，或者等同視之，其實
這是十分不正確的，因為兩者基本精神上仍有不同。公共關係以
個人職務或機關組織為基礎，先公後私，所以較偏向於個人或組
織後天的努力拓展；至於人際關係則僅指個人，不涉組織，偏重
個人情感，除後天的交往外，更有許多先天的背景關係，例如親
情、世交的隔代感情移轉存乎其間的問題。

　　雖然過去一般人對「公共關係」常有誤解，總認為公共關係
不是吃喝玩樂，便是逢迎拍馬、曲意鑽營，而不屑為之。然而事
實上，公共關係猶如一國之外交關係，深切影響國家的生存與發
展。所以在企業體系來說也同樣影響企業的對外窗口，一旦有事
發生，如何尋求奧援，使得困擾與危險降低，公共關係的重要性
則由此而顯現，因此本書將在第一至三章中解說公共關係、危機
處理及風險管控三個層面的基礎問題。

　　其次本書將在第四、五章中首開探討公共關係與員工協助方
案（EAPS）這兩個領域結合的各種好處，以及其中一些令許多
人嚮往的國內、外經驗累積，透過文字的一一說明及各種詮釋，
相信能夠很快地引導讀者進入這個值得研究的現代生活殿堂，並
藉由幕幕的故事來一窺此一奧妙的現代人際風雲觀！

　　接下來本書第六至十章將討論結合ISO的智慧財產權管理機

制，如欲畢全功於一役，則何不有效利用ISO的強制性，來建立企業內部的智慧財產權管理機制的管理，並減少推行兩套系統下的雙重痛苦經驗，以併收兩種系統的多重功效；而這其中將牽涉到有關智慧財產的一些觀念與公共關係間的巧妙關聯性，透過一些法律案例，讓讀者從中去捕捉一些重要觀念議題。

尤其智慧財產權是當前產業的競爭利器與決勝關鍵，建立企業的智慧財產權管理制度，首先便是讓智慧財產權與公關法律結合，如此除了可以有效幫助企業將無形資產有形化、極大化外，更可以讓企業遠離法院爭訟的困擾，同時將智慧財產權從老闆心中的最痛變為最愛；否則一般人對於智慧財產權的保護意識不足所造成的傷害，將會產生更多的企業與員工間保密問題及雙方緊張的對峙局面。

另外八十七年十二月三十日立法院通過「科學技術發展基本法」，將現行國有財產法中規定，政府出資取得之財產為國有財產，其中包括專利、商標及著作等智慧財產權；但為鼓勵研究機構及民間機構擴大參與科技的研發，並顧及公平及效益原則，科技基本法第六條參酌先進國家之立法先例，明定政府補助、委辦或出資所得之科學技術研究發展成果，得將全部或一部歸屬於研究機構或企業所有或授權使用，不受國有財產法限制的特例，如此將有效提升我國之科技研究發展的誘因，實值得現代企業加以注意與關切。

何謂智慧財產權？簡單的說便是透過人類心智自然發展所產生的一種外在成果，並透過法律賦予創造發明者的一種具有「排他性」的特別權利。

智慧財產權的分類：

1. 著作權（copyright）：係屬於文學、特殊文字或藝術作品等一經創作完成，即依法取得之權利。權利包括：翻譯權、重製權、公開口述權、衍生著作修改及公開展示權等。

   ◎重要公約：伯恩公約（Berne Convention）、世界智慧財產權組織著作權條約（The WIPO Copyright Treaty）以及世界智慧財產權組織表演人及錄音物條約（The WIPO Performers and Phonograms Treaty）。

2. 專利權（patent）：工業財產權（industrial property）中之發明及新型、新式樣之創作賦予一種保護的權利，例如積體電路布局、商業機密的保護等的一種揭示方法。

   ◎重要公約：巴黎公約（Paris Convention for the Protection of Industrial Properties）、馬德里協定（Madrid Agreement）、專利合作條例（Patent Cooperation Treaty）。

3. 商標權（trademark）：其在工業財產權中，透過特定標示來表彰商品製造來源。

   ◎重要公約：除前開專利相關之公約外，尚包括網域名稱對應商標之目錄（Trademark Directory in the Context of Internet Domain）。

4. 營業或工商秘密（tradesecret）法。

接下來第十一章所將探討的是，不管我們喜不喜歡或願不願

意接受，都必須面對的二十一世紀科學與科技市場的變化，而這些必定會以更驚人的速度成長與發展，所以爲了因應未來網路發達所將面臨的許多虛擬權益問題，以及過去有些人總認爲網路可以無法無天情況的導正，現代化的國家都會開始思考到這個並不單純的問題嚴重性，並嘗試進行相關的網路法律規劃，因此之故，透過本章的問題分析說明，將有助於釐清網路公關的切身與實際運用上的問題與因應之道。

隨著網路時代的來臨，企業虛擬化的問題亦將引領現代工業進行第二次的革命，而因應之道便是掌握時代脈動軌跡，透過超整合式的垂直分工及異業結盟等方法，均將提升未來企業的競爭力，並成爲攸關企業未來前途的重要因素。

同時隨著網路新聞的逐步蔓延，亦將成爲民衆獲得即時資訊的重要來源，甚至可能成爲政治人物的政治角力站：包括宣揚政見、政治評論、意見溝通或接受捐款等互動性功能的發展，必將成爲無法抵擋的時代趨勢。

其次依據英特爾現任總裁貝瑞特在一場演說中直陳，台灣應轉型爲網際網路解決方案中心，著重附加價值，也就是發展網路電子商務、提升網路內涵、建立伺服器、工作站及軟體結合的網路領域，提升價值鏈，否則以網路頻寬（band width）來看，台灣現行爲226M，與南韓之518M、新加坡之247M，或者英特爾之256M頻寬都要相形遜色許多，而這種網路傳輸速率相對造成成本耗費，也使得網路公關的角色成爲一種負面效應。

網路時代的來臨，加上電腦普及化，亦爲企業帶來新的跨國性危機和商機。其實當人生遇到挫折時，往往會面臨一些必要的

抉擇，然而如何妥善的因應這場生活交戰，將是生命中無法避免的沉重負擔。

接著我們將探討一些倫理價值觀，倘若世間真有因果，對於那些輕忽自己醫療責任的醫師，未來將會是什麼樣的果報呢？這些我們將在第十三、十四章中加以深入探討。

「尊重生命」、「視病猶親」、「感同身受」、「醫病醫心」的傳統醫學教育，如果無法真正落實在今日功利短視無情的社會中，那麼得過且過之醫界相互包容掩飾的弊病，必將導致更多的醫療糾紛事故！同時醫院也必須作好保密的工作，否則相互間無從建立信賴感，也是醫院經營的致命傷。

當然我們也不可完全否認醫護人員的工作危險性及面對疾病突發的不可預期壓力的存在性，所以往往不得不讓他們變得些許冷漠與缺乏耐性；但是這其中也有仁風義舉的華陀、扁鵲良醫，只是極少數醫者不肯深思醫者之道，以致讓醫者尊嚴在現今蕩然無存而不被信賴，這點十分可惜也殊感可悲呀！

醫學應該是人文與科學的結合，而醫療公關首要的工作便是創造醫病的良好關係，而內部溝通在醫療院所來說十分重要，因為身體器官間的互動關係十分密切，如果各科別間的醫生互動關係良好的話，對於適當的轉介所能發揮的醫病功能，將更能凸顯醫療機制的功用，而不會流於「頭痛醫頭、腳痛醫腳」的弊病。所以今日醫療院所之內、外部公關，也成為一項新興的醫療公關重要的話題。

此外，本書亦將在十五章中探究非營利經營公關的一些基礎概念；而針對保險的分散風險之重要課題，將於十六章中有詳細

的說明。

最後兩章將進一步剖析生活在現代社會當中，政府行政與人民之間的密切互動，由於彼此之間接觸頻繁，也因此會讓政府主事者直接面對民眾的指責，像台電核四廠的審核者：原委會主委，便必須為決策面對民眾的質疑，此時如何去向民眾說明權責畫分，及原委會在事件中所扮演的角色定位，我們從新聞上都無法獲得立即的公關危機處理反應，所以政治圈的公關生態，顯然必須重新思考其定位及處理方式，以免吃力不討好，還要負起政治責任，如此將得不償失。

同時各級政府可藉由發展地區特色，像宜蘭的國際童玩、基隆的鬼節、鹽水的蜂炮、鶯歌的陶磁、苑裡的藺草等等，來建立地區特色骨幹以吸引外流的人口，以及接收廣大的觀光資源來充實地方的稅收，也唯有經營多元化的地區公共關係，才能真正構築地區的生命光環。

其次透過政府內、外部的公共關係設計來提高其能見度，如此才能真正翔實地將施政、政府採購法令以及許多民眾的需求展現，唯有充實這一切，政府主體才能贏取民眾並給予選票上的再度支持，以免一切流於空泛的口號，如此一來政府公關的扮演將展現出一塊可供分食的市場大餅。

近數十年來，大眾傳播事業的發展可謂日新月異，對國家社會的影響也與日俱進，因此西方學者往往以「第四權」視之。對於與媒體的聯繫工作，晚近紛紛設立新聞單位或以任務編組方式來處理。此一工作主要是針對線上採訪記者，不過當然也有少部分對媒體負責人及編輯進行公關活動；而新聞媒體的立場與屬性

各有不同，報紙、有線或無線電視、廣播、雜誌、網路的特性不同，需求亦不一致，因此了解這些相關傳媒的溝通管道，當有助於對新聞媒體公關的正確開展與因應。

　　政府機關從事公關的目的，大致可區分為宣揚政令、輿情分析、形象建立與提升效率等四個方向。宣揚政令就是政府將其欲人民知悉、遵守的法律命令、政策計畫等，透過各種傳播媒介傳達給一般民眾的各種過程，茲簡述如次：（註）

1. 宣揚政令：是尋求民眾支持最大的核心原動力，所以說每個國家都視為第一要務，特別是共產國家更將此視為唯一工作。
2. 輿情分析：是透過民意調查或下鄉訪視等種種方式，了解一般人民對政府的觀感與認知。如以電腦來解說，前者即所謂的輸出（output），後者即所謂的回饋（feedback）或輸入（input）。
3. 形象建立：是政府機關或公眾人物為建立其在人民心目中的良好觀感與印象，所從事的修飾與化妝活動；此點與品牌之於企業，有異曲同工之妙。
4. 提升效率：是指政府機關的目標與作為讓本機關人員了解後，得以相互配合，因而有助於行政效率的增進；而此應以效能與廉潔、便民作為政府的三大目標。

　　而此四者以前二者為主要目的，但實際上後二者的附隨目的更為積極，只是後二者較不明顯，而容易被人忽視而已！

　　因此想要作好公關，如何踏出正確扎實的一小步，每一層面

的關鍵因素都離不開法律，因此如何將法律知識導入這個行業當
中，實有賴更多法界與公關界人士共同的努力。

註：劉昊洲，〈談公共關係〉，《人力發展月刊》，第60期。

第一篇　公關基本法

　　「公共關係」從字面上來看，基本上是針對公眾反應的一種處理藝術，而此一關係可經由組織運作、媒體傳播等管道來進行彼此間的互動溝通，因此由這種層面的溝通所衍生出來的各種發展、變化，就必須藉由良好的合作模式來達到預期的目標，在我國的春秋戰國時代，便曾運用在諸侯爭戰的合縱連橫的戰略應用上，因此掌握公共關係各種傳播、溝通的原理、方法、技巧，是這門學科所不可或缺的重要因素。

　　數字會說話，人的思維總是受限於他過去所受的訓練，故而我們若找個企管學者或行銷專家來討論公關事務時，那麼整個討論過程也必將環繞於企管或行銷問題上，而無法作出全盤性的正確考量。

　　所以公共關係分析的技術上所專用的語言、數學模式及特別技能，並不是一般的決策者所能了解或加以處理的，尤其是公共關係的危機議題討論，因為這類談話，如聽在不曾受過類似訓練的人士耳中，便宛如鴨子聽雷般一無所知。

　　不幸的是，今日各種組織職掌公共關係者，並不是因為其分析能力或是熟悉這些用語的專業才獲致這些職位；而這些養成背景不同且又缺乏時間進修者，遂導致多數公關決策者甚至對一般稍微複雜的公關資料也會感到難以理解或分析。

　　故而，他們往往透過幕僚所準備的摘要意見來了解問題，最多也只在決策前，透過分析專家們的摘要意見所存在的爭論提出決策，因而他們往往因無法了解到危機議題所引發的負面問題而形成公關窘境。

　　因為這是一個世事難料的現實世界，所以我們經常會面臨一

些困擾，如何有條不紊的從決策分析中，建立一個理性、思維細密的公共關係選擇過程，的確費人思量；更何況許多問題時時刻刻都會面臨一些必須立即處理的事件。而決策的時機又常常漫無標準，甚至也不是單靠這個機關便能掌握的，這時權責分攤，以及掌控決策資訊的瞬息萬變，在這樣一個環境下，誰也不敢自誇問題已被「解決」，以致現代公共關係所扮演的角色便益形重要。

　　所以要想冀望徹底改善決策品質，便必須要深入公共關係這個利他範疇中詳加斟酌，否則未免會有些一廂情願。

　　公關決策的環境瞬息萬變，因此必須掌握經常形成循環性的時機問題、注意焦點的選擇及可分析性、基本資訊的缺乏、邊作邊學習等困境的避免。將具有急迫性的問題以及決策者該如何處置的思考納入學習範疇，而不只是頭痛醫頭的權宜處置，以免問題重複且一再發生，甚或越來越嚴重，導致企業與組織的致命危機，將會是學習公共關係最大的收穫。

第一章　公共關係之涵義

　　簡單的來說，「公關」便是針對社會脈動進行嘗試了解與深入群衆的一種專家顧問，換言之便是結合人與人、人與事及事與事三要素的一種人際運用觀；而「行銷」或者稱「推銷」則是透過市場調查以及對消費者深入的研究；至於「廣告」則是商品市場的現況交叉分析及廣告企畫設計執行。

　　不過美國公關學會 (Public Relation Society of American, PRSA) 發展出考核公關課程的認可計畫，其中公關課程至少包括公關概論、寫作、研究、策略規劃及個案研究五大項目；然而實務界的看法跟今日國內法律界有異曲同工之妙，因爲公關學術理論與實務其實有一段很大的差距，加以修習者自以爲是地認爲懂得不少的弊病，這些都將會阻礙未來踏入公關這個行業時，所必須面臨的一些疑惑與困境；因此實務界人士以及筆者個人的心得認爲公關教育的核心課程應該包括以下五大項目：

1. 傳播基礎科學（社會心理學、認知心理學、民意研究與分析及傳播社會學）。
2. 公關基本概論、道德訓練及各類公關專業因應的實習爲職業導向研究。
3. 傳播情境與對象分析、目標設定及方案評估的策略規劃統

籌能力。

4. 問題解析及提案的能力（包括溝通、商業及財務知識，當然少不了法律的基本常識）。

5. 演說、主持及撰擬新聞稿的能力。

第一節　內外公關與廣告、行銷

一、內、外部公關的定義

公共關係其實可以簡單的畫分為內、外部公關。當然所謂內、外部公關的區分，只是一種相對的說法，原無一定的範圍，完全視界限範圍而定，不過公關運作架構的建立，將使企業更能掌握內、外部公眾的焦點，其定義大致上可作如下區分：

1. 內部公共關係（應然面）：簡稱職工關係，是指組織體系內，成員彼此互動往來的人際交往，不論是正式溝通中的上下或平行間的整體溝通文化，或非正式溝通均屬之；只要在不逾越組織界限的範圍內，這些都是屬於行政學中關於人群關係的研究重點。

2. 外部公共關係（實然面）：則係指機關組織或其成員，與外在公眾、股東、媒體間的互動交往關係；其範圍至為廣大，因此外部公共關係特別重視面向與重點的掌握，方易收實際之傳達效果與目的。

　　公共關係（簡稱公關）究竟該如何與廣告、行銷作出分野呢？筆者認爲從此一角度應可爲公關下一個註腳。

二、公關與廣告、行銷的分野

　　一些資深業界人士會以男女追求作爲最佳的譬喻方法，相信更能貼切的一語道破公關與廣告、行銷的分野；讓我們來假設一下，如果現在有一名男士要追求一個女子的話，那麼透過以下重要區分的意涵，將可清楚釐清其中之關鍵點：

1. 如果他只是單純地對她直接說：「我很欣賞妳，因爲妳既美麗又大方，所以我想和妳交個朋友，可以嗎？」這僅是單純自我推銷而非公共關係。
2. 如果這位男士在小姐面前，只是一味地很注意儀表談吐，舉止也非常小心翼翼而害怕自己出錯的話，那麼這也只是像一則吸引人注意的廣告而已，並非公共關係。
3. 所以只有眞正用心於埋頭苦幹、力爭上游，讓自己現有的情形，透過第三者，在有意無意之間傳到那位小姐耳中，使得小姐對他產生仰慕之心，進而主動的表示願意與他交往，這才是眞正的公共關係。

　　不過筆者認爲眞正的公關是個人與社會人際心理的實戰，透過這種巧妙的心理探究，而充分發揮出多層面的一種整合性網絡之脈動，亦即公關是將公眾與組織連結起來並加以傳播的一門藝術；至於有心加入這個行業所必須具備的特質，便在於擁有自

信、豐富踏實的社會經歷與誠懇的應對,別無他法,您認為呢?

因此公關顧問強調行動與言語雙層表達的建議。他不僅是聽到高階主管的聲音,還應該聽到公司外人的想法及反應,所以除了單純的新聞稿,到企業政策、新品上市、商業財務的闡述以及一些議題的說服,他不僅只是要找對媒體,他還必須說服媒體展現他所提供的資料,才算是一個稱職的公關顧問。

三、公關與廣告、行銷的結合

接下來將探討將公關與廣告、行銷或企管結合的利基點,透過以下的分析,希望能夠從中將公關的寬廣度適度的展現。

廣告與公關兩者合而為一,基本上有以下兩種好處:(1)機密性;(2)機動性。因為兩者在目前市場上,均是採取開放比稿的方式,因此在決策上必須考量文案的功力與技巧的吸引力,如此才能真正讓客戶接受委託,此亦即兩者結合的功能所繫。

公關與行銷兩者合而為一,基本上有以下兩種好處:(1)利潤性;(2)服務性。因為客戶可區分為主力及一般客戶兩大類,而根據企業經營的利潤貢獻分析上來看,主力客戶往往占總體利潤的80%至120%,因此如何透過服務鞏固主力客戶,將是企業透過公關與行銷結合的致勝利器。

再者公關與企管兩者合而為一,基本上有以下兩種好處:(1)互補性;(2)靈活性。因為目前市場上競爭激烈,如果單靠某種非固定性的收入,必然會導致經常性的不安定與浮動,如此將會導致一個公司在穩定成長中,流露出企業生存敗筆的危機。

四、公關運作模式的基本原則

最後要想進入一個企業的公關領域去發展，有一個關鍵點非常重要，那就是在面對問題的第一線，短短的十五秒到數分鐘之間的一刹那，便可發覺決定一個企業成敗的關鍵，例如航空公司在機場櫃台面對顧客的十五秒，便可看出該航空公司企業文化的道理是相同的，北歐航空（SAS）總裁卡爾森如是說。

因此優秀的公關人必須隨身攜帶著一本公關作業手冊（包括綜合性、政治時事、業務訊息、產品資訊、年度報告及客戶資料彙整六大單元），透過隨時的筆記將既定之計畫、執行細節、聯絡瑣事，分門別類鉅細靡遺的登錄下來，因為只有如此才能真正成為市場的直接掌控者及創意的領導者。

然而在實際經驗中決策導向的運作程序模式，將提高公關活動的品質，其基本原則應包括以下幾個項目：

1. 市場形象塑造與企業識別（corporate identity system, CIS）：公司簡介（宣傳冊子、錄影帶或光碟）、教育訓練影片策劃製作（錄影帶或光碟）、命名或更名（naming or renaming）。企業識別包括：(1)認知識別（mind identity, MI）；(2)行為識別（behavior identity, BI）；(3)視覺識別（visual identity, VI）；(4)社會識別（society identity, SI）。

2. 社區關係與總體營造關係：首先應設法找出社區「種

子」，如此才能有效推動各項聯誼活動，否則只是一盤散沙而已！

3. 公共事務、政府關係（參第十七章）的參與與落實。

4. 媒體經營（保持通暢的聯繫主跑路線管道、掌握時效及新聞敏感角度）：完整的公關運作分析，才能有效界定不同的公關媒介與方法，積極聯繫採訪及新聞發稿之確認，並讓記者感同身受其重要性與參與度，如：(1)運用第三者證言（即專家證言；third party endorsement），運用上必須符合鮮明的個人清新形象、穩定性、名副其實之專業導向、是否投入及效益的評估；(2)媒體宣傳與公關活動結合；(3)新聞稿之正確撰寫與發布；(4)媒體策劃（立體、平面的串連、掌握及運用）與各層聯繫工作；(5)記者招待會之策劃與執行；(6)媒體宣傳策略諮詢與評估。

5. 產品發表（創意促銷、募款促銷及公益行銷；設法打響品牌知名度及推出新商品設計時如何激發媒體刊登之欲望）：各種活動規劃、設計與執行（包括各種說明會、記者會、新產品上市發表會、大型晚會及公益活動之策劃與執行），以及廣告宣傳及公益影片的設計與拍攝。不過因以下三種層次的活動推展，將會產生不同的產品文化特色：(1)行銷顧問（marketing consultant）：純粹從行銷角度去思考問題；(2)促銷代理（sales promotion agent）：純粹從產品促銷角度去思考問題；(3)公關代理（public relation agent）：進入企業文化的整體思考模式去推展產品特質的同時，加入企業人文的思考。

6. 編輯服務、活動之執行及過程監督、廣播電視節目之規劃與製作節目構思及企劃方案、腳本撰寫及編導製作、衛星有線電視頻道規劃及宣傳策略擬訂及網路整體公關規劃。

7. 宣導理念的公關策略規劃、設計運用、執行及教育訓練：包括行銷、行銷公關（MPR）及企業公關（CPR）。

8. 公關議題之研究、調查、分析、評估與企劃活動之執行。

9. 目標設定、溝通服務（包括擬訂行銷及溝通策略）、評估需求、如何面對強大競爭壓力：以期達到客戶預期的宣傳效果，因為有效的公關評估準則，能掌握目標公眾態度以及行為的改變模式，而使公關活動運用更為恰當。所以為了充分滿足顧客需求，提供完善的整體性服務，應包括以下幾點：(1)提案前是否免費的作企業公關診斷及策略分析，避免企業主無謂的投入大筆金錢，作事倍功半的公關及宣傳活動；(2)針對即將申請上市或上櫃的公司，是否提供特別的企業服務：

   ・形象和公關策略輔導分析，以提高企業在社會大眾心目中的地位和發展潛力。

   ・上市、上櫃之法律輔導及經營企管方面的公關服務。

   ・有意爭取國內外經銷商代理權，或者多角化經營，是否可以透過公關整合提供有關內外部公關策略的分析與輔導，以便達到充分溝通的目標。

10. 危機管理及議題管理（參第二章）：千萬不要以為可以息事寧人或毫不辯白即可雲淡風清。

11. 風險管理（參第三章）、財務管理及投資人關係。

12.效益評估（如何使記者發布客戶正面的訊息及見報率）與
建立資訊回饋系統，進而達到貼心與快樂經營之哲學。

13.企業內、外的溝通（EAPS）計畫及技巧之訓練與發言人
制度：透過企業本身生態的自我認知到適應，以至於掌控
分際。

14.設計製作行銷文宣印刷品，以及商譽、社會公益及觀念性
的公關廣告的配合，當然還包括通路舖陳之研究。

15.透過創意性結盟的規劃，落實真正的公共關係。

第二節　公關決策與發展

作為公關決策者，必須了解如何避免挫折的發生，此時便該
思考如何規劃的問題。

因為公關強調時機掌握的分寸，因此洞燭機先將是決勝千里
的重點，所以今日有專家將孫子兵法套入公關的運用上，相信亦
是考量決策的關鍵，如何從利人到利己的公關，將是未來公關決
策致勝的願景所繫。

一、公共關係的內涵

公共關係的主要工作雖大致上分聯繫、交誼與服務三大項，
但由此延伸的小如資料查詢、影印，大如新聞稿的撰擬、舉辦記
者會、研習或參訪活動等等，莫不屬之。然而在實際經驗中，決
策的方向應包括：

1. 案子何時要作，如果無法確定，則距離執行還有一段時差該如何有效運用？

2. 最終的整體目標究竟是什麼？設法具體化！正是動腦會議的重頭戲！

3. 客戶究竟要公關扮演何種角色？

4. 究竟有多少預算？訂立目標與策略？

5. 誰來作決定？同時了解比稿必須符合的法令依據？

6. 如何透過專業背書來引導消費者？及如何引發公司願意投資的意圖？

7. 公關企劃書內容應涵括：(1)前言；(2)市場概況及分析數據；(3)此次公關提案的目的；(4)公共關係的目標對象；(5)公關策略及整體計畫；(6)媒體的運用模式方案；(7)作業時程的安排進度；(8)評估預算的會計報表；(9)公關具體的成效評估；(10)提案相關的背景經歷。

二、公共關係的診斷

　　任何問題都必須透過診斷來發掘其中的一些因素，這就像生病一樣，必須透過望、聞、問、切及現代化科技來發掘病因的道理是相同的，所以公共關係當然也不能例外，透過以下的評斷，將會讓真正的問題清楚地展現。

　　公關診斷包含之項目見**表1-1**。

表1-1 公關診斷評估表

診斷項目	評分				
1.公司型態	A	B	C	D	E
2.公司財政及營利能力	A	B	C	D	E
3.經營時間	A	B	C	D	E
4.產品取向	A	B	C	D	E
5.市場占有率	A	B	C	D	E
6.民眾對產品的評價及反應	A	B	C	D	E
7.公司本身知名度	A	B	C	D	E
8.公司給人的第一印象	A	B	C	D	E
9.五年內公司有無重大事故發生	A	B	C	D	E
10.公司負責人之名望	A	B	C	D	E

三、未來熱門的公共關係趨勢

根據統計，過去兩年來高科技公關占各公關客戶之35％；同時依目前公關趨勢分析來看，高科技（尤其是生化科技及自然食療）、醫療保健、財務危機、政府形象及公司形象的再塑造，將是這個行業的試金石；加上過去跨國性公關業本身無法落實本土

化而相繼退去的契機，相信只要懂得公關精神的現代公關公司，將會是未來服務業一個值得關注的礦脈。

四、公共關係的生存之道

人生就像一盤棋局，而公關公司更是棋中之棋，所以公關公司如果想要生存，必須明白以下幾個關鍵因素：

1. 擁有完善的管理經驗，扁平式的領導，公關應該引導領導者視情況來判別高、低姿態的抉擇（瞻前顧後；步步為營）。

2. 能擺場面也能展現實力（左右逢源；八面玲瓏）。

3. 人員穩定，個個都是將才而獨當一面（衝鋒陷陣；義無反顧）。

4. 聯合各類研究基礎並落實，同時了解企業供應鏈的需求為何？亦即supply chain management（SCM）（深思熟慮；學富五車）。

5. 財務掌控適當，懂得編列預算（運籌帷幄；進退有據）。

6. 掌握報價技巧，明白確立客戶服務的條件與代價，並設法掌握企業內外部公關的整體性（分毫無差；決勝千里）。

7. 人員訓練以及員工實力報酬的規劃（一分耕耘，一分收獲）。

8. 企業文化及內行領導的專業團隊精神（陰陽相合；各司其職）。

9.多元性的策略聯盟制，將有助於一個草創或小型的公關公司，達到日益茁壯的目的。

10.現代化的電腦神經網路系統，將重新改寫公關公司與地區企業的互動局限關係，如果不能洞察此一先機，必將因此而被淘汰出局。

五、公關規範

公共關係包括四種層面的規範；(1)倫理規範 (morality codes) ；(2)社會規範 (social norms) ；(3)專業規範 (professional codes) ；(4)個人規範 (personal codes) 。

1.社會規範：當客戶（或企業組織）利益與公共利益相衝突時，此時對於利潤與公共利益究竟該如何取得平衡點的考量？

2.倫理規範：當客戶（或企業組織）利益與道德（例如撰擬誇大不實的新聞稿或要求以金錢利益酬賞媒體記者）相衝突時，該注意些什麼？

3.專業規範：1948年美國公關協會研擬，而在1950年制定之公共關係專業規範可作為參考依據。

4.個人規範：當公關工作之性質違背了個人價值觀時，亦即替不同組織、企業進行議題管理（公共議題具爭議性），例如個人政治、宗教立場或社會價值觀、意見和雇主相左右時，究竟該如何取捨？

　　如何確立公關之專業規範，現行體制下是否能透過仲裁及既有法律來加以規範呢？

1. 公關人員需與客戶、雇主和一般大眾進行公平交易（fair dealing）。
2. 公關工作必須符合公益原則。
3. 公關人員不得散布不實訊息或蓄意誤導社會大眾。
4. 以精確和真實的傳遞為行事最高準則。
5. 在散布資訊的過程中，不可作出腐化溝通管道（corrupt the channels of communication）之行為。（Wilcox, Ault, and Agee, 1995）

六、企業公關

　　企業公關最重要的是觀察企業的整體文化，因為企業文化將會主導企業公關的未來發展，因此當您投身其中時，首要考量點便是在此，否則一旦進入不合適的企業體時，那種處處窒礙的氣氛將會使您陷入無法發揮的窘境中，而您只能望空興嘆不如歸去！

　　其實企業公關不是作與不作的問題，而是如何作才能合法的問題，多年來從事企劃工作的人，不難發現在擬訂公關計畫議題的同時，將會與不同專業產生相互連結及互動的關係，因此法律上的思考便成為不可或缺或輕忽的一個重要環節。

　　至於企業公關的類型大致上分為：公關部（包括整合媒體、

企業內外溝通、政府及股東關係等）、公共事務部（強調危機、
議題之處理、媒體及企業溝通，較偏向外部事務）、行銷傳播部
（偏向產品行銷）及單純媒體聯絡溝通等四種型態。

　　而執行上述相關的議題而與法律相關者，包括市場競爭、危
機處理、企業購併、貨品促銷、公益、選舉、廣告、智慧財產權
爭議、公平交易等等，在在都是必須要加以考量的重要因素。所
以當企業開始警覺這些問題時，公關與法律相互間的互動默契便
成為成敗之關鍵。

　　同時當企業建立正確的法律公關體制後，對於危機的預防與
預警制度的建立，以及事故發生時危機處理小組的召集時效及應
變機動性，都將使企業危機在可能面臨訴訟或絕境前，便能夠以
和解收場，而這種契機掌握的關鍵，勢必成為企業化解危機永續
經營的最佳典範。

第二章　危機及議題之管理

　　近幾年來公共議題或公共事件常常在不知不覺中被挑起，這對民眾、企業或政府主管機關來說，都會造成極大的震撼，並引發廣泛性的討論議題，所以我們必須了解如何避免議題被浮現檯面，以及了解議題的生命週期（life cycle of issue），如此才能真正預防面臨危機管理時的複雜度與併發症。

　　首先我們將進入到企業或政府組織公關的層面，進行比對分析，依據米卓夫和麥可懷尼（Mitroffamp & Maccwhinney）的區分，將危機的分類依其內在與外在、人為與非人為因素區分為以下四大類：

1. 第一類：屬於內在的非人為性危機，例如工業意外災害。
2. 第二類：屬於外在的非人為性危機，例如巨大的環境破壞、自然災害、政府危機、國際恐怖及金融危機。
3. 第三類：屬於內在的人為性危機，如組織衝突、溝通失靈、怠工、廠內產品遭下毒、品管缺失、性騷擾、職業傷害等。
4. 第四類：屬於外在的人為危機，如恐怖份子、主管遭綁架、廠外產品遭下毒、仿冒、工人罷工、不實謠言的散布等。

第一節　議題階段

　　任何問題的來源皆會由一個議題來萌芽與主導，因此當問題成為議題時，必須由具有經驗者來加以判別及分析，因為議題如稍有疏縱，則將引發危機的誕生，所以議題階段將成為公關危機探討的首要課題。

　　而議題的生命週期可區分為潛伏期、浮現期、白熱或爆發期、展現或擴散期，及冬眠醞釀期五個階段，而這些階段的釐清將有助於議題的管控與消弭於無形之中。

　　因此一個成功的議題管理（issue management）典範個案，便在於整體運作架構必須能與企業的需求契合，並有效的協助企業管理達到公共議題的良性發展。

　　其重要關鍵因素如下六個部分。

一、「議題界定」部分

　　應針對政治、經濟與社會三個面向進行持續性的偵測，以提升預警能力，並爭取更多的時間與機會來作有效的回應。

　　◎夫未戰而廟算勝者，得算多也；未戰而廟算不勝者，得算少也。多算勝，少算不勝，而況於無算乎，吾以此觀之，勝負見矣！

二、「影響評估」部分

經由經驗評估議題「存活性」與「發展性」，進而對營運利潤的影響、顧客認知程度以及企業經營理念等原則來衡量議題對企業之可能的衝擊程度與影響。

◎故善用兵者：屈人之兵，而非戰也；拔人之城，而非攻也；毀人之國，而非久也。必也全爭於天下，故兵不鈍而利可全，此謀攻之法也！

三、「分析研究」部分

在考量企業組織本身的人力、財力及相關物力的調配上，必須在作法上進行議題優先排序需求與是否深入研究考量。、

◎能使敵人自至者，利之也；能使敵人不得至者，害之也。

四、「策略建立」部分

首先必須建立明確的企業立場，並針對企業內部體制與外部形象的整體需求，提出有關商業與傳播等議題管理策略。

◎兵法：一曰度、二曰量、三曰數、四曰稱、五曰勝。地生度、度生量、量生數、數生稱，稱生勝。

五、「執行策略」部分

徹底執行上述策略革新市場交易的各項措施，同時藉由遊說、議題傳播、適時認錯修正等策略，有效消弭消費者不滿並滿足其需求。

◎凡軍好高而惡下，貴陽而賤陰，養生而處實，軍無百疾，是謂必勝！

六、「效果評估」部分

透過定期的評估或企業形象調查，可以有效的修正企業整體的策略與計畫，並以此數據來查證未來的走向是否正確。

◎故知兵者，動而不迷，舉而不窮。故曰：知彼知己，勝乃不殆；知天知地，勝乃不窮。

第二節　危機處理

一般而言，危機處理著重於爆發期的直接因應對策，而這是屬於異常性的公關議題管理的首要範疇；所以危機管理必須當作是一個恆常性的管理作業，而非異常狀態下的權宜舉措，所以現代化企業或機構都應該建立這種正確的公關危機意識的觀念，亦即要建立無論正、負面危機都一樣的緊急處理方案，隔離出問題，然後搶先一步在壓縮的時程下去處理。

　　所以這個模式的特點是將「議題管理」的概念融入「危機管理」的架構，對於企業的策略管理，是有相當大的參考價值。（註）

一、危機管理四階段模式

　　「危機管理四階段模式」的四個階段和策略管理，分別為議題管理階段、規劃危機預防階段 (planning crisis prevention) 、危機遭遇階段 (the crisis) 以及後危機階段 (the post-crisis) 。

㈠議題管理階段

　　議題管理主要是在設法去界定企業周遭可能影響到企業的潛在或可能傳播之各類可能性議題，以便能夠及時動員協調企業的內外部資源，形成一股企業整體因應策略，並進而影響議題，朝向正確的方向來發展，而此時正是損失萌芽的階段。

　　如此一方面將使得企業在消極方面避免因議題而直接受害，另一方面則可積極地因議題被納入管理而相對受惠。

　　所以最新的危機管理趨勢，是將危機視為一種議題来處理，並列入企業議題管理的項目。在這方面，企業有三項作法，可以用來防範危機突然爆發：

　　1.進行環境偵測，搜尋外界的趨勢變化或大眾對企業的態度等足以在未來影響企業的各項不利因素，然後進行仔細的

分類與分析。

2. 針對所搜尋的各類議題，進一步收集相關學術評估資料，尤其對潛在性危險因素，特別要仔細分析和評估爆發的可能性及威脅性。

3. 規劃一套完善的管理因應策略，重點即在如何適時防範此類危機的發生。

(二)規劃危機預防階段

第二階段是延續上一階段之界定危機後所作的預防工作，所以當企業一旦偵測到某項危機即將發生，則必要的預警系統就要開始進行運作，因為這個階段是整個危機處理的前哨站，此時正可能是救援的階段。所以有以下幾項工作是在這個時期必須加以進行的：

1. 針對危機設定積極主動（proactive）而非被動式的指導方針，因為您一定要在爭議初起前，利用資訊維護來贏取一致的稱許，並在危機或爭議未起前把基礎打好，如此危機才不會順勢燎原起來。

2. 重新分析企業本體內部各單位與各方面人士的連結關係與程度，並非作出優劣順序之判別。

3. 分別擬訂一般性的策略和特定的因應策略（確立說服之目的及分析達到的目的），情報與研究是不同的兩種科目，企業公關必須要能夠區別真實與虛幻的差別所在。

4. 立即規劃組成應變危機現場處理小組的企業組成員，同時

要小心內部利用反面公關（情報的核心）來對抗自己的組織。

5. 指定負責與媒體記者聯繫的企業發言人室之代表。

6. 選定執行危機處理計畫時要用到的媒介、訊息以及相對應的目標對象，以便建立突破口及時間點。

另外，企業在此時期也要謹慎評估危機的方向性、影響性和衝擊性以及企業本身能處理的程度、可以動用的資源多寡，以避免自陷絕境而導致最後孤立無援的窘境發生。

㈢危機遭遇階段

這是危機真正爆發的階段。臨此事變，除非事前有萬全的準備，否則企業將沒有任何主控危機的權力（power）；並進而淪為待宰的羔羊。因為此時媒體一方面接受企業的訊息，另一方面也同時承接不利於企業的消息，尤其當廣大民意形成對企業不利的態度時，企業就必須防範這些消息對本身的傷害究竟會發展到何種程度？所以必須掌控損失，並尋找出事發的真正原因，亦即誰該負責著手？同時要保持平和，絕不可對任何批評盲目反擊或抱怨，囚為其中可能涉及民、刑事的法律追訴考量！

■ 正確反應的項目

此時有以下三點措施是必須要立刻去做的：

1. 迅速評估企業對此危機的反應立場和處理方式（包含處理模式及涉及公眾對象之溝通方案等）。

2. 儘速防堵負面的報導，並且及時將企業處理危機的作法告

訴新聞界，此先決要件是摸清媒體的養料在哪裡？(1)充分且及時地準確掌握有關時效的契機；(2)不作無謂的猜測或表現推拖的不當反應；(3)儘快對事故發生的原因及責任作出報告。

對於新聞記者、編輯對新聞報導之法律責任站在公關立場亦應加以探究，依據六十二年高等法院法律座談會及二十三年院字第一一四三號解釋：「凡報載有關非僅涉於私德之公益事項，不能證實其為真實而足以妨害他人名譽或信用者，則無論所刊載為自撰或轉載他人之投稿，該報載之採訪記者及負責審查之編輯，均應負刑事上妨害名譽及信用責任」；對於這點特提出供運作上之實際參考。

3. 將公司的消息轉達給重要的對象（以華航空難來說，為病患家屬、記者、醫療、法學、機械專家……），並尋求公正的第三者支持與協助，在此同時，也要進行企業內的溝通與整體協調工作。(1)藉助權威證言，監視謠傳點；(2)利用同理心態，將問題孤立；(3)自我推銷贏取，密集的研商。

■ 錯誤反應的項目

1. 高階主管迴避積極的參與。在危機處理過程中最忌諱的便是欺騙、迴避和遮掩，隱瞞事實常會造成更多的謠言及真相扭曲，所以最佳對策就是開誠佈公的進行溝通。

2. 部分事態的發生不該由上級主管出面掩飾，因而引起家屬或媒體界的反應。

3. 企業內部本身溝通不良，以致造成相互間的意見分歧，導

致對外無法發言。

4.主管試圖利用其黨、政、商之背景來掩飾,反而凸顯問題,
   以致造成反效果。

5.跨國公司本地主管無法即時處置,而一味地等待總公司的
   裁奪,而造成過長決策的負面反應擴大。

■ 案例

【案例一】 一九八七年十月琳恩颱風過境,曾造成台北市
東區一夜之間成為水鄉澤國,並產生「新車是否泡水?」的疑
問。然而當時各廠商紛紛提出不售泡水車的保證;可是不到一個
月後,市民在某公司購得泡水車後向消基會提出檢舉,這件事經
媒體擴大報導後,該公司的企業形象受到很大打擊,以後在市場
競爭中始終一蹶不振。

【案例二】 一九九三年力霸百老匯工地土方崩塌事件。當
這個不幸事件發生時,力霸少東王令麟恰巧在越南,但依公司的
危機小組架構卻能迅速動員,在十個小時內完成了所有應該處理
的程序,並針對工程搶救、傷者慰問、財務補償、公關聯絡、安
撫預售戶等多方面進行妥適分工。這次的危機非但沒有擊垮力
霸,反而還凝聚出企業成員患難同舟的共識,對日後力霸的發展
有極為關鍵的正面意義,而這正是因為認同感和決心的功用發揮
成效,加上員工起而力行所產生化危機為轉機的最佳示範。

【案例三】 一九九二年四月二十八、二十九日的「麥當勞

爆炸案」。四月二十八日麥當勞在接獲歹徒首次恐嚇電話後,並未迅速與警方聯繫;當日十七時,第一枚炸彈爆炸,造成一人死亡,事件發展至此已進入危機爆發的嚴重期,並極可能擴散惡化,然公司當局卻在營利目標下,只是暫停民生分店營業,其他分店仍然照常營業。隔日,永和分店再次爆炸,造成四人受傷的不幸後果。直到這個時候,該公司才召開記者會,宣布全省五十七家分店暫停營業。從上述處理過程的內涵來看,公司負責人不僅缺乏危機意識,對消費者安全維護的社會責任也嚴重不足。

【案例四】 中國石油公司在八十五年八月份發生一連串工安環保事件,以及近幾年來連續發生的工安氣爆事件,在痛定思痛下,發展出一套必須依賴危機小組備妥之「現場作業管理須知」,以減少危機之傷害。這套管理須知中列出:

1. 危機發生時的優先作業順序表。
2. 完整的工廠相關設備位置圖,及會計及其他重要資料,並將客戶、供應商等相關合約準備備份,分置於兩個不同的地點。
3. 讓公司的車輛隨時保持充足燃料的狀態。
4. 定期演練相關的災害防範計畫。

同時中油公司在事故之後立即成立緊急應變小組並建立以下處理模式:

1. 針對轉動機械、加熱爐、鍋爐、儲槽、管線、浮筒、消防

設備，展開全面檢查工作，隨後並進行複查工作。

2. 為加強安全管理工作，由各單位主管及工安主管共同檢討工安制度、工作責任區、自動檢查、維護保養制度、考核稽查、事故調查及承攬商管理等有關事宜，各項決議案立即交由各單位執行，而由工安處追蹤並限期完成。

3. 各單位為提升現場人員之操作水準及維護保養能力，全面辦理操作人員轉動機械訓練。

4. 為鼓勵全員參與安全衛生工作，共舉辦了幾百場由下而上的工安再造工程研討會，並提出解決工安及管理事項的方案，對增強公司經營體質助益良多。

5. 此外為了解現場值班員工的心聲，在董事長及總經理之帶領下，推動各級主管之走動管理，除鼓勵士氣外，並發覺許多應行改善事項，立即交由現場改善。

【案例五】　現行一般上市公司當財務發生危機時便思考先行減資再增資，藉此避免下市的危機，然而當此類不健全的公司在毫無改善公司經營運作型態前，便急著向社會大眾募款，其實是一種負面的企業公關，只是今日民眾沉迷在股市的金錢遊戲中，經常未曾察覺自己已經成為惡人的幫兇，因而從正確的企業法律公關角度來看，重整才是正確處理危機的方法，否則一旦無法解除危機則應由破產來徹底解決，以免讓企業的負債轉嫁到無辜的投資者，再次面臨可能的風暴。

㈣後危機階段

危機的高峰期過後，不管處理適當與否，企業都希望趕快脫離危機的陰影，回到經營的正軌，因此常忽視了危機後期的「收尾」工作。然而這個時期的媒體報導可能仍在持續（如榮總院內感染事件落幕後，報紙仍繼續針對醫療制度、管理缺失乃至醫療法規的缺失等問題，作深入的分析和批評），企業有必要對受損的形象作一番正確的補救，例如：

1. 繼續關切危機事件各關係人的反應，加以適度的回應。
2. 繼續注意危機的後續發展，提防危機的張力再度擴大。
3. 如有必要，設法主動告訴媒體，公司後續的相應作法。
4. 對危機處理的過程應作到全面性，包括全程性的評估。
5. 應有將整個危機的過程列爲下次危機預防參考的考量。
6. 規劃長期傳播管理策略（建立良好的媒體溝通管道），逐步挽回因危機議題所爆發而損傷的企業形象。

以上四個危機管理步驟，主要的精神在應用企業規劃管理的能力來應變危機的發生，使企業的形象不致因此嚴重受損。

二、危機管理案例分析

當然，危機管理首在「預防」和「坦誠」，而不是教企業如何在危機發生之後「文過飾非」或「避重就輕」。單從台塑汞污泥事件和榮總醫療器材事件來看，這兩大企業組織的例子就可以

發現明顯錯誤的危機管理方式，前者暴露出內部管控處理層級的應變能力不足的危機，後者則顯出醫療老大的醜態，進而賠上長久以來建立的醫界專業形象；殷鑑不遠，企業面對各種潛在危機，豈可不慎！

台塑汞污泥事件正好可以推導出以下幾點公關溝通上的盲點：

1. 參與整件廢料處理的不是只有內部人士及外界觀察這樣單純，還涉及到兩國政府層級的對立。
2. 企業未曾注意周遭各種資訊和言論，以致廢料運回高雄港或其他第三國遭到抗拒，主事者缺乏摸清時機與亂局間的微妙互動關係。
3. 決策者對整件事從頭到尾都未加以說明，雖然事件後來因沉默而被媒體逐漸淡化，但是環保形象的損傷，或許還不知後續將如何演變？

【案例一】　處理危機最著名的成功案例，首推一九八二年美國嬌生公司的「泰利諾膠囊中毒可能致死事件」；嬌生公司面對此種下毒危機的處理方式便十分明快而且縝密。

首先公司當局宣布迅速回收市面上全部的膠囊，以示對消費者完全負責，並隨即推出另一種包裝型態的「泰利諾藥片錠」來取代原有產品。再由廣告代理商推出一系列廣告活動，澄清中毒事件是外在因素所致，而以藥片取代膠囊，更足以證明公司品質沒有問題，且可排除再被下毒的可能性；接下來在「代金券」和

「膠囊免費換取藥片錠」的促銷行動中,嬌生公司非但沒被危機打倒,反而在五個月後重新站穩,並超越過去的市場占有率。

【案例二】 處理危機另一著名的成功案例,為一九九三年六月美國百事可樂遭遇全國三十三州超過五十個以上千面人的搗蛋事件。百事可樂在處理本案上,起初採取以地方事件來發布新聞稿,但是接二連三的事件發生,公司高層開始警覺事態可能引爆成一個大新聞,於是緊急成立危機處理中心,準備接手處理相關事宜:

1. 首先與衛生主管機關查證有無任何問題或有人因此受傷。
2. 連續趕製錄影帶提出製程安全性的完整說明,並設法找出製造問題的來源(以媒體來反制媒體的負面報導),並在危機高峰期積極澄清事情始末。
3. 和政府官員充分合作,以便透過美國食品藥物管理局來澄清事件的子虛烏有。
4. 將事實真相告訴消費大眾,並與消費者進行溝通,同時將訊息告知員工以爭取員工的同仇敵愾。
5. 最後以一則大篇幅的報紙廣告讓消費者安心,並表示接下來將提供物美價廉的省錢方式來與消費者分享,以結束整個事件。

【案例三】 過去營業場所若發生類似來來飯店事件,致客人有發燒、嘔吐、腹瀉、傳染病等情況,若不協助就醫並無任何

處罰，但是若最近台北市議會審議通過「台北市營業衛生管理自治條例」後，則營業場所與客人間便有法令上的照護義務，若未協助因而不為其生存所必要的扶助者，將可能觸及刑法第二百九十四條遺棄罪責，處六月以上、五年以下有期徒刑。

第三節　個人危機處理

　　談到個人公關的危機意識，這在一個正常的社會當中，無論身處何種層面，大致上都會因不同的關係網絡所發展或衍生出來的非正式關係而受到或多或少的影響，透過每個人在各自立場所扮演的各種不同角色，而與他人產生不同程度的互動交往模式，這便是個人公關的危機發生源。

　　所以人既是社會動物，便不能沒有朋友，也不能不與他人往來，因此每個人都直接或間接需要從事公關活動，特別是影視明星、政治人物及在各階層中具有聲望的公眾人物，更應加以重視。因此身為現代人對於自身人權的維護應當有所了解，為了防止個人隱私被不當利用或陷害而運用一些科技之同時，必須注意在現行法律上竊聽並錄製錄音帶時，是否會同時觸犯刑法侵入住宅、妨害秘密罪、違反電信法及電腦保護個人資料法等相關法律責任；所以這中間的個人法律公關便必須加以切實分析：

1.刑法侵入住宅必須舉證侵入住居所在的事實。
2.刑法妨害秘密是處罰無正當理由而洩密，及禁止一般人無故利用工具或設備窺視、竊聽他人非公開之活動、言論或

談話；亦不得以錄音、照相、錄影或電磁記錄他人非公開
之活動、言論或談話之個人隱私權者。

3. 違反電信法則是盜接盜用他人電信設備者。（如果委託他
人如徵信社，則其本身並不了解竊聽過程和方法，故和實
際竊聽的徵信社並無教唆或共犯的問題。）

4. 電腦保護個人資料法是指公務或非公務機關所蒐集的電腦
處理之個人資料洩漏，因而使他人人格權（包括信用、名
譽及貞操等）受到侵害者。

5. 一般與銀行之交易往來，如遭人冒貸或盜刷信用卡，除可
能被無端追討或留下不良紀錄而影響信用，很多人都不知
道該如何處理；但事實上依法言法，銀行有義務維護客戶
信用紀錄之正確性，否則將涉及民法第一百八十四條後段
違反保護他人之法律（電腦保護個人資料法），依社會安
全機制來看亦應可據此請求其因此所受到的損失及精神慰
撫金。

接下來我們將繼續討論名人公共關係這方面的問題，只要身
為名人便必須面臨動輒得咎的困境，因此名人的危機處理——亦
即個人形象維繫——便成為公關基本法入門的基本心法，根據艾
倫羅波特說名人危機的處理三原則：

1. 「不論面對何種風吹草動，誰能火速趕在第一時間處理而
不推諉，誰就能穩占上風主導問題的方向。」此理亦即在
謠言蔓延開來前採取最適當有效的滅音行動，如此才能撥
亂反正。

2. 該如何將自己的案情以有利方式呈現出來，而非像世俗一般認爲激起爭議將會更具競爭力的謬誤。一般社會名流多半傲慢，如此一時感情用事將會貽害而成永久的錯誤，同時魯賓斯坦說：如果你對記者滔滔不絕說七分鐘，而他們只會截取二十秒，此時斷章取義的結果，可想而知！

3. 選擇在何時？何地？就本身的錯誤提出罪己論。立體媒體的效應必然比平面媒體快速有力，誠如甘迺迪所說：犯錯不見得是過失，除非你拒絕改正。這點除了在美國國父華盛頓的櫻桃樹下，可以獲得強而有力的明證外，影星修葛蘭便利用注意、集中、理解的社會認知來化解嫖妓所帶來的負面效應所可能引發的危機。

因此任何個人公關絕不能迷信魅力，否則便是睜眼說瞎話，因爲這種個人魅力的危險，只會使公關變得呆板與僵化，自以爲無所不能，而在抗拒改變的魔力封閉下而無法自拔；因爲魅力反而使得應變能力降低，同時專業技巧與其他特質將受到局限，例如最近歌星羅時豐與模特兒一夜情事件便是最好的例子，因爲這篇報導而使一個人自殺喪命，便是一種極爲負面的公關宣傳。

綜合來說，個人危機管理可區分爲危機訊息的偵測、危機的準備及預防、損害的控制及處理、事後的復原，以及事件學習五個階段。

註：Gonzalez-herrero, A. & Pratt, C. R. (1995). "How to manage a

crisis before or whatever-it hits," *Public Relations Quarterly,* 40(1) :
25-29

第三章　各類風險管控法規

　　從危機議題（議題和計畫的鋪陳）進而延伸到風險管理（適當的建言與趨勢掌控）的概念，其中最重要的一項因素，便是將危機預先防範，否則也必須要將危機化爲轉機來處理，因爲生活在今日這個法律多如牛毛的世代，加上法案在立法急促中修正通過所帶來的一些反反覆覆修改的風險性。

　　就好像今日警方在辦案時，只考慮績效而利用一些技巧去詐騙通緝犯的舉動，是一種必須承擔法律僞造文書刑責的風險，因爲只要懂得法律，這個風險就無法搪塞或卸責，因此之故，風險的管理便成爲各行各業的每一個人必須自行深思與體認的重要管理科目，譬如廣告不實涉及公平交易法；商品或服務損害消費者之消費者保護法之公關法律問題。

　　企業爲提升競爭力，往往希望使用各種手段來達成，其中最常見的不外乎合併、裁員、精減組織、縮減產品項目、減少廣告行銷等措施；然而這些消極的方法，還不如提高人員素質、善用網路、法律及市調、提供更多樣化的服務項目及爭取「夥伴聯合之經營策略」來得有效。

　　因爲透過聯盟共創不同性質的品牌或商品，如此才能全面性的迎合整體性的消費大眾對於價格上的需求，同時也不會貶低高級品牌或商品本身的形象，所以多元化合一的通路革命，勢必可

以鞏固舊客源,並且開創更爲廣泛的客源,如此才能降低風險,開展出更寬闊的一片天地。

另外極爲重要的便是企業研究發展是否落實,是否可以適時推陳出新,以維繫企業產品的生命週期及生意的契機。

在加入WTO (World Trading Organization) 之後,由於自由貿易,沒有配額限制之企業生存之道只有二條途徑:

1. 低成本及市場區格是致勝關鍵。
2. 境外加工(強化產業產銷模式)及避免衍生傾銷疑慮的危機因應。

過去公共關係強調市場行銷、廣告與宣傳的結合,現在公共關係必須加上法律概念融合,因爲唯有透過這種層次的匯聚才能真正發揮公關的真正效能,而非只是表面性的敷衍,無法深入問題真正的核心,因爲這將成爲公關未來的致命傷,所以以下將對各類風險管控提出一些簡單的說明,希望達到提綱導引的功能。

任何組織自外界接受各種輸入 (input) ,包括資源、物料、能源、訊息等) ,然後加工 (transformation) 、輸出 (output) 產品與服務;而整個社會系統接收到這些輸出,產生回饋 (feed back) ,如此才能循環不斷;因此一個系統能否持續生存或健全發展,實仰賴於其能否透過環境獲取所需,並提供環境之所需;而此正是公共關係所扮演「橋」的職能,正適足以成爲企業組織回饋機能的重要角色功能。

第一節　多層次傳銷

　　直銷與傳銷之不同點，即在於單層與多層的銷售方式，所以可以根據公平交易法第八條作出定義之區分。

　　在跨進二十一世紀時，面對環境的演變，傳銷業在逐漸優勝劣敗的情形下，如何積極面對是一項重要的關鍵，根據專家表示，傳銷贏的策略必須包括商品概念的多元化、創造局部第一、增加軟體投資（目前已知安麗、丞燕、雅芳都已實施網路訂貨及定量送貨的服務）、經營者的再學習、策略聯盟及異業合作等六大策略。

　　首先以現階段之多層次傳銷事業為例，依現行規定必須向主管機關公平會申報乃採報備制，全省向經濟部商業司登記的多層次傳銷公司多達八百家，經公平會調查，實質營運者僅二百家，鑑於多層次傳銷良莠不齊、參加人數層面廣，在公平會針對出現弊端的組織作出懲處時，無辜的參加人多已受實質傷害，所以公平會多層次傳銷專案小組決定以修法嚴格管制傳銷業申設流程，配合未來將提高罰金上限至一億元的公平法修正案，雙管齊下大力整飭亂象。

　　新修訂的管理辦法將在第三條增列「捕鼠條款」，亦即事業單位營業前十五天內，須將公司執照、營利事業登記證影本、參加人取得佣金、獎金的計算公式、各地營業場所、規範參加人權利義務契約與交易條款，以及銷售商品或勞務的種類、價格、性能、品質及用途一一向公平會報備，與以往僅須簡要報備迥異。

　　管理辦法第四條亦將修訂為傳銷事業於參加人加入組織前須明白告知其資本額、商品種類及價格、退出組織的條件及權利義務。此外，公平會也計畫將最易引發糾紛的退貨辦法明訂嚴懲細則，以保障參加人的權益。

　　另外倘銷售具有特殊療效的食品或具有保健功效者，自民國八十八年八月三日起若未事先經衛生署事先審核認可而販賣的話，將依健康食品管理法處三年以下有期徒刑，或併科罰金一百萬元；若廣告、標示或傳銷商流通的文宣品涉及療效或宣稱「健康食品」字樣，也會處六萬至三十萬罰鍰，並得按次連續處罰。

　　依據行政院公平會最新調查統計之報導，現行五大傳銷商品中，營養保健食品、清潔用品、健康器材、淨濾飲水器材在八十七年至八十八年間經濟不景氣下，均呈下滑傾向；然而唯獨美容保養卻逆勢成長，且連續五年呈現出兩位數成長來看，這將是傳銷公關另一項必須思考的重要課題。

第二節　化妝品規範

　　以目前化妝品標示的混亂程度來看，如何釐清廠商之「行銷創意」及消費者期待效果間之落差，即將由衛生署制定相關規範，例如最新列管之染髮劑是參考美國食品藥物管理局（FDA）之規定，非必要勿染、皮膚過敏測試、要戴手套及大量清水沖洗等，另外亦參考日本厚生省應註明：婦女生理期、懷孕、產後、病中、病後恢復期不宜染髮外，對於頗受爭議的防曬美白，衛生署只承認含有維他命C衍生MAP的產品，才能在許可證上宣稱美

白效果；至於維他命E和其他防曬劑產生，並依照以下原則來修法規範：

1. 考慮引進日本對於防曬、美白分別列管之規定。
2. 明確規範果酸和維他命的濃度，以避免高濃度果酸和維他命A可能引起的刺激。
3. 高濃度維他命C可能引發的脂質養化而形成自由基。衛生署最近公告了八種化妝品禁用成分，其中包括人體的細胞組織、部分漂白劑和防腐劑等，含這些成分的產品八月一日起即須停止販售。

衛生署這次公告的禁用成分中：hydroxy-8-quinoline是漂白劑，以往曾被用作美白成分，但因這種成分國外都已列為藥品管理，為免被濫用於化妝品，因此國內也禁用；而6-methyl coumarin則具感光作用，可使皮膚呈現古銅色，但因會引發強烈光敏感性，對健康可能有害，所以也在此次禁用。

此外，hexachlorophene是一種強效抑菌劑，常被用為防腐劑，國內早在七十三年即公告，禁止其用於孕婦、新生兒及全身淋浴，但因其危害性大，且目前已有更好的替代品，所以也將禁用於化妝品。

另外根據公告，musk ambrette、AETT等化妝品基劑，因為含有不知名的病原，雖然化妝品多半只經由表皮來吸收，但仍無法完全排除傳染疾病的危險，所以衛生署也將全面禁用於化妝品上。

同時衛生署表示，由於國內只有含藥化妝品須查驗登記，一

般化妝品的處方都不須經衛生署核准,所以上述成分雖可能有害建康,但若未列為藥品,廠商便可能隨便添加,因此衛生署是在參考歐、美等國多半已禁用這些成分後,才予公告禁用。

衛生署強調,因歐美國家已禁用這些成分,所以知名歐美廠商生產的化妝品應可符合這項新規定;但日本等其他國家,對這些成分規範較不明確,所以消費者在購買化妝品時,不妨多注意產品標示,若發現這些成分,最好避免購買。

另外有關抗皺化粧品部分,區分為:(1)維生素 (A醇reyin-ol、棕櫚酸鹽palmitate) ,注意過敏紅腫現象;(2)果酸 (包括甘醇酸、乳酸、酒石酸、檸檬酸、蘋果酸、醋酸等,簡稱A.H.A.「α-hydroxy acid」,濃度在1.4%-8%) ,注意耳鳴、噁心、嘔吐等現象;(3)水楊酸 (B.H.A.「β-hydroxy acid」) 。

第三節　工業安全與土地開發

其實工業安全與土地開發是近年來許多新聞災難事件的主角,也因此特別在本文中提出來供公關界參考,並尋思未來該如何建立危機前置意識以杜絕問題的發生。

一、工業安全

工業界在工安的落實上,像旺宏、台積電能作到百分之百的無工安事故,實著眼於紀律管控、例行性與不定期考核之交錯實施;而風險管理則是將此一傳統工安導入風險管理之中,亦即將

原本單純的預防災害，提升到強化企業的競爭力上（從安全、健康及環境三個層面作全盤性的思考與規劃）；這中間的關鍵便在以人的價值爲最終的考量，如此才能發揮具有人性的企業文化與同甘共苦的生命共同體的向心力之凝聚，並建立企業專業穩健的正面形象公關。

另外經濟部最近配合公寓大廈管理條例的施行，將配合修改公司法，舉凡依該條例第十七條之規定，住戶於公寓大廈內依法經營餐飲、瓦斯、電焊或其他危險營業，或存放有爆炸性或易燃性物品者，除應依中央主管機關所定保險金額投保公共意外責任險；如業者未投保而仍繼續違規營業，將依公司法修正條文，由經濟部商業司配合撤銷公司登記，以達到管理目的外，對於影響治安的八大行業及大型餐廳、百貨公司、商場、賓館、保齡球館、遊藝場等，也將強制投保公共意外責任險，如業者未投保而仍繼續營業，除撤銷公司登記，並將立即實施斷水斷電的行政處分。

二、土地開發

內政部營建署針對回饋制度將擬訂以「繳納開發影響費」代替過去的「捐地」。以工商綜合開發區爲例，必須先捐30%生態綠地，然後再繳交開發土地面積之土地公告現值的12%的現金，同時與環保署達成併行審查的共識，未來在土地開發申請時，應檢具(1)基本資料；(2)興辦事業計畫書圖；(3)開發計畫書圖；(4)環境影響評估書圖及(5)水上保持規劃書圖（平地則免）。

重大建設投資計畫：（凡符合中央目的事業主管機關核准，

一年內即可完成者。)

    1. 經濟部主管的工商綜合區（一般開發成購物中心）。
       法源依據：工商綜合區開發設置管理辦法都市計畫工商綜
       合專用區審議規範（將夾雜都市與非都市土地變更案只需
       辦理都市計畫變更，而無須經過區域計畫委員會審議通
       過。其最小規模之開發必須以都市土地面積兩倍，加上非
       都市土地面積超過十公頃才能申請；如都市土地為三公
       頃，則必須加上四公頃非都市土地才能申請變更。此外為
       解決基地內多少會夾雜公有地或未登錄地而造成開發之困
       擾，未來只要徵得經濟部及公有財產機關同意即可開
       發）。
    2. 新聞局主管的媒體園區（可開發類似電影城）。目前年代
       媒體園區的開發僅在四個月內即完成之主要依據：(1)開發
       案在申請土地變更前已獲得新聞局之同意；(2)基地為平地
       而無須作水土保持相關的審核；(3)基地不在環境影響評估
       敏感區，故只須第一階段便可完成。
    3. 經濟部主管的智慧工業園區（如宏碁渴望村）。
    4. 衛生署主管的醫療專用區（如長庚醫院擴建開發案）。
    5. 交通部主管的觀光休憩開發區（如六福村開發案）。營建
       署指出未來民間申辦遊樂區開發審議，將只審議功能性分
       區以及土地使用管制原則外，各分區的細部計畫與土地使
       用管制原則將由觀光主管機關訂定彈性原則，作為未來遊
       樂區彈性開發管理依據，開發申請將由地方政府、省政府

旅遊局及區域計畫委員會負責，如果案情簡單且經同意免進行環境影響評估及水土保持審核者，最快可在四個月內完成變更。

6. 勞委會主管的勞工住宅等。

7. 內政部營建署的宗教專用區（即包含可容合法設立之靈骨塔在內）。

關西機械專業區由二百四十家業者共同籌組橫坑開發公司，引用產業升級條例籌資二十億，以興辦工業自力開發工業區的首例，但因新舊版本對「非都市土地開發審議規範」針對山坡地坡度不得超過40%以上，修正為55%以上，而得以重見天日。

其認定標準：

1. 都市土地申請開發面積必須在五公頃以上。

2. 非都市土地申請開發面積必須在十公頃以上。

3. 不含土地的投資金額，如非科技事業必須投資二十億以上。

4. 如屬高科技則只需投資五億元以上即可，至於由民間辦理的公共建設，投資金額必須在二十億以上。

另外，建築開發業輔導條例草案將建築開發業採用許可制，依許可條件分甲、乙兩級，提存營業保證金及加入同業公會才可營業。同時甲級必須達二、三年內投資興建住宅業績達新台幣十億元以上者，經評選為績優建築開發業，實收資本額在新台幣一億元以上，置專任工程人員一人以上者，才能進一步申請綜合開

發業務，從事開發土地、規劃、營造到銷售一貫之統包。

第四節　醫療生化業

　　如何提升人性化的醫療健診的空間環境，徹底顛覆過去醫療諮詢的粗心大意所造成的一些遺憾，的確是現代醫療公關必須加以注意的一件重要功課。

一、市場轉變

　　近幾年來媒體對於醫藥新聞的重視及追蹤報導所產生的微妙變化，加上全民健保的實施（藥品物流中心的開發）、醫院轉型之企業化經營模式、民眾開始覺醒並重視養生之道、同時消費意識逐漸抬頭，都逐漸讓醫病關係緊繃與惡化，就拿醫療行為是否為消費者保護法之「服務」，便成為醫界爭議許久的一項課題。

　　由於可預見的未來醫療機構間競爭將益形激烈與白熱化，加上專家推薦具有療效的食品衝激下（像黑豆、白鳳豆，但需注意健康食品管理法之施行），勢必也會對於藥補不如食補的傳統東方觀念所同化，所以現今醫療體系為了因應醫療市場的整體性轉變；加上現行國內各教學、區域級醫院、診所之間的競爭；以及中西醫結合的治療模式，再配合藥廠的介入其中，勢必讓整個醫療體系更加重視醫療公關這份特殊的工作。

　　或許過去傳統上醫生在民眾心目中的形象總是高不可攀，所以養成今日許多醫生仍然孤傲，且不習慣主動去告知病人或家屬

詳細的診斷結果以及治療流程的弊病；因此醫生和病人之間常常無法達成有效的溝通，甚至造成許多不必要的誤會，因而致使醫療糾紛不斷的發生，並使得醫病關係變得格外緊張，進而因敵對的氣氛逐漸擴散開來形成一種特異關係。

　　但是現在許多藥廠之藥品行銷人員直接或間接地將一些原本的處方用藥，透過各種醫療公關活動，把產品包裝並對外宣傳，採取所謂直效行銷的模式及擦亮品牌形象的方式來處理，所以未來行銷與公關，在整個醫療生態的轉換上，將逐漸形成一種特殊的醫療公關特質。

二、媒體暗示

　　這種透過利用媒體加以反覆報導，或者透過醫生直接找到有需求的消費者的社會行銷學，已經進而讓消費者反過來要求該項處方，例如藍色小藥丸「威而鋼」即為最佳的典範。

　　透過這種媒體暗示性的大量化傳播，對於醫藥業的公共關係有著極為顯著的重大改革意義，因而現今許多藥廠開始主動商請一些大家熟悉的醫藥專家，來擔任這些一線產品的醫療諮詢及建議者，充分改變現行醫療體系的原始架構。然後用本文在前面所提的這種第三者身分的專家證言來對藥品品質或食品療效背書，必將進而贏取及影響廣大消費者之認同與接受度。

　　所以現在的醫藥業公關宣傳方式，幾乎都可以看到在這種醫藥權威下進行著廣泛性的產品宣傳，不過其所帶來的隱憂亦將逐步浮現檯面，至於如何因應及面對它，將是醫療行銷公關必須加

以留心的地方。

　　不過衛生署通過的藥害救濟制度，民眾在正確使用藥品導致死亡，可獲兩百萬救濟金、極重度傷殘可獲一百五十萬、重度傷殘可獲一百三十萬、中度傷殘可獲一百一十萬、輕度傷殘可獲九十萬；藥害救濟申請表可上網查詢，網址：http://www.cpa.org.tw，電話：(02)23641232。

三、行銷公關

　　以下是轉載自《工商時報》經營知識版陳辭修的〈行銷照妖鏡〉中一些行銷人員運用行銷公關的十四個例子，筆者認爲頗值得借鏡，故摘錄供教學參考：

　　1. 把公司定位爲領先同業的領導者與專家。

　　2. 思考建立消費者的信心、信賴感及興趣點。

　　3. 藉由各種管道打響新產品的知名度。

　　4. 傳達新產品的優點和全新用法觀念。

　　5. 開發新市場，並擴展次要目標市場。

　　6. 安撫消費者，消除對產品的排斥感。

　　7. 把廣告變成具新聞價值的話題，簡單說便是新聞廣告化。

　　8. 對產品作深度及驗證式的交叉性專業報導。

　　9. 增加產品曝光機會（例如安排在電視及傳播媒體中出現）。

　　10. 影響意見領袖的觀點。

11.提高品牌贊助活動的收視率。

12.以贊助體育、慈善或社區活動方式提高品牌知名度。

13.讓公司產品在同類型的市場產品中異軍突起。

14.創造新的媒體、新的方式、新的話題去接觸消費者的心。

　　然而，從公關哲學來看：「懂得包裝宣傳的商品未必好用，所以曉得形象宣傳的醫師，亦未必便具有良好的醫術與醫德」。

　　不可諱言地，現行醫療過程由於許多外在因素的加入，往往添加了更多的不確定陰影存在其中，第十四章中會有進一步的分析說明。

　　所以，從事醫藥行銷公關的人員，心中必須隨時掌握一把辨別是非正義的量尺；亦即在考量商品利益與社會道德中設法求得一線平衡，亦即將公關行銷與醫療品質畫上等號，不過此類公關必須注意醫療法中醫療廣告違法部分，必須在醫院舉辦之記者會上發表，而未涉及招徠醫療業務者，方不視爲醫療廣告。

四、臨床醫學

　　接下來我們將設法就臨床實驗（試驗）下一個定義，那便是透過新藥或新的治療方式，從先期的實驗室（體外細胞株及動物實驗）進入臨床人體試驗，第一期安全性之藥物藥理、代謝、人體副作用及最大接受量等，第二期針對不同疾病探討藥理的療效及副作用，第三、四期分組比較來確定是否比現行藥效或治療方式好，透過以上第三期之實驗後，衛生主管機關才會核准正式上

市，此點亦必須在對外公關宣導上加以明白揭示，否則即有違法之嫌。

另外生化科技業將是明日的明星產業，因爲許多疾病的治療將會對於人類產生一定程度的影響。而一般癌症的偵測係透過影像掃瞄（必須累積達十億個癌細胞；包括核子醫學正子造影及磁振攝影）、血液中癌症標記檢測（如肝癌之胎兒蛋白已證實並不靈光）、組織切片之類的侵入性檢查（讓病人痛苦）；因此抽血偵測癌細胞（利用特異性抗體或核酸探針與癌細胞與特殊色素結合），此技術依中研院士曹安邦的說法，將運用於：(1)證明收檢個案是否受到癌細胞侵犯；(2)對手術或治療後的追蹤以判別是否追加化療、激素療法或免疫療法等全身性治療，以免發生毒物反應；(3)作爲全身治療中判別療效的指標。

其中如以下各類的治癌新希望，盼醫療界從事公關者能適切且正確地宣導，德桃基金會之「癌症資訊網站」http://www.cancer.org.tw及癌症資訊服務中心（設於台北市立萬芳醫院）將有助於癌症的治癒率：

1. 傳統外科切除療法。
2. 放射療法（放射線、硼中子、光子、質子及鈷六十對腫瘤定位治療）；其中質子治療具有分配輻射劑量之特性，射入點能量極小，到達腫瘤底部時能量最高，然後突然降至零點，以達到「順向治療」的目的，不過目前在美國僅限於使用在眼底黑色素瘤及顱底腦瘤，這點在醫療公關之報導上必須要拿捏分寸。

3.高溫療法（提高病人全身或局部體溫來殺癌細胞）。

4.調適免疫療法（增加腫瘤細胞抗原性和強化免疫細胞的殺癌能力）。

5.細胞素介質療法（干擾素interferon；尤其T淋巴細胞分泌的R干擾素）：主要是可以治療慢性白血病、淋巴癌、黑色素瘤及腎癌，同時促進血液幹細胞的分化，使壞細胞變好。

6.激素療法：藉由抑制激素的受體來抑制癌細胞成長，並可利用維生素A使細胞變好。其主要針對乳癌及前列腺都有療效。

7.抑制腫瘤的侵入及轉移：tamiofen抑制細胞活動，但副作用大。防止腫瘤侵入（細胞消化細胞的屏障）：抗膠原酶（collagenase）抑制癌細胞所需養分：TNP-470，fumagillin。

8.基因療法：除治療外，還可用於免疫、感染、神經肌肉及代謝方面。

9.栓塞酒精療法：利用藥物或酒精直接透過都卜勒偵測儀找出癌細胞的血管，加以直接局部注射使其壞死；缺點在於無法完全抑制癌細胞及其可能的流竄。

10.飲食修正療法。

11.針對器官特異性及利用載體導向法將基因特異的病毒鎖定，並以抗癌藥物輸送至體內癌體。

12.光動療法（photodynamic therapy），把「光感藥物」打進癌患的血管，待藥物流到腫瘤組織後，再以體外雷射

光束或插入人體的雷射光纖，破壞含有光學感應藥物的癌
變組織。

第五節　建築及樓管業

　　建築與樓管業其實是扮演著彼此相依的角色，透過兩者間的
角色互動與提升，將有助未來共創雙贏的市場契機，同時掌握公
關的機能，必能有效增進其市場的占有率，並塑造良好的形象。

一、建築業

　　龍巖建設賣陰宅，其行銷方式採配套出售及直銷累積佣金制
的促銷法；同時其在管理秩序及推銷業務上採利潤中心制，使其
平均一個月的最差業績亦有一億元；而皇翔建設的零餘屋策略，
亦使其在區域風評及績效上，安然度過不景氣。

　　同時因為不動產經紀業管理條例及預售市場的不景氣，所以
建設公司便自行設立銷售部門，如此代銷業將受到一定的衝擊。

　　另外十五層樓以上的高樓必須注意「避難層出入口」、「直
通樓梯」、「安全梯」及「特別安全梯」的避難簽證的申報，如
逾期建築物所有人、使用人將處新台幣六萬至三十萬的罰鍰，並
得連續處罰及斷水、電或封閉及強制拆除的問題發生。

　　建築最為引人注意的除了品質外，便是其附加價值，而這其
中尤以社區俱樂部型態最能引起消費者注意，一般此類俱樂部的
設計有兩種：一是必須點交管委會的公共設施型，另一則是產權

獨立型。然而由於建商未能考量此類俱樂部與住戶間的實際互動關聯性，以致許多個案中都成為被遺棄的孤兒，究其原由乃是無法讓其成為社區生活的一部，而只是一味強調豪華而忽略實用性，加上公寓大廈管理條例的施行，管委會對相關點交後的責任更加仔細起見，此類個案的公關規劃必須針對坪效利用、客層定位及營業收支來量身打造，才是真正發揮公關策略功能的行銷舞台。

同時，此類俱樂部的生存發展可透過策略聯盟的公關技巧來扭轉經營困境，如此會員增加，便可將營運成本逐漸由客戶繳交達到收支平衡，並達到雙贏的效果。

本土化建築業界成長的過程中，透過客觀環境對公共關係產生極為殷切的需求性，加上政府公關為早期業者常常運用的手法，而近期則演變為行銷公關成為建築業界必然的時代趨勢，所以如何建構未來公關的面貌，則可由以下分析來一窺其殿堂。

1. 建築產業之產品正興起科技引導產品的潮流，亦即當前話題與趨勢資訊兩者；而今日建築業公關運作若朝向行銷公關發展，則不論在取得媒體青睞，或獲得社會評價上，都會有較好的結果；但效果的差距，則全賴新聞的掌握是否適度，因此，行銷公關在建築業發展的趨勢上，將具有深刻的意義。

2. 建築業者在過往採取積極策略，經常反招致較多糾紛，進而影響公司形象。而其中與某特定勢力維持親善關係所導致的糾紛，卻往往引起媒體對公司、產品和社會形象的負

面連帶思考的影響，因此建商在此類公關作業上應採低調處理的作法，如此將使某些糾紛降低並維護公司形象於不墜地步。

3. 建築業企業公關要作好，以產品形象而言，必須考量專題創意、藝術行銷、國際化或公益活動的配合策劃，而這將是其中最重要的一環。而且以公司形象而言，要作好行銷公關，專題活動（定位清晰）、內部溝通是兩項關鍵成功的因素，而此絕對必須仰賴正確的公關代理，而非行銷顧問純粹從行銷角度去思考，或者促銷代理純粹從產品促銷角度去思考問題。

4. 媒體公關運作的成功並非單靠金錢的花費，或爭取公信力管道的發言，或者透過ISO9000認證單位的證言，即可獲得媒體較高的評價或青睞。反而應是著重在產品品質、規劃、設計所建立之商譽更能建立市場信心，同時加上以誠心、親和力來和媒體打交道，將是較爲具體且能贏取信賴的方法。例如在建築業在沉潛多年之後，卻能夠一直維持業績成長並降低餘屋庫存的壓力，此乃一方面在洞燭市場狀況逐步退出經營開發管理，另一方面便是將每一棟房子當成自己要住的來興建；如此品質的宣傳，絕對比任何外在的宣傳要來的穩健。

5. 建築對公關的認知，多限於產品形象包裝，因此對於公關人才疏於培養，公關創意鮮少加以激發。建築業應普遍提高公關策略思考及在管理決策上的地位，例如當建築業開發住宅產品遇到資金積壓的瓶頸時，透過公關的分析，則

必須考量如何尋求最有效的經營管理模式，其中開發商業不動產，且不以出售為目的，反而以強調保留土地、建物產權、利用出租來增加資金的回收流通，再利用日後商圈的形成來彈性運用產品的功能，這點並非一般管理所能洞悉的重要專業經營關鍵，另外像異業結盟、合作開發，以及轉投資的公關策略。

6. 建築投資業在邁入成熟高原期後，如何抵抗市場的不景氣及開發另類的土地發展前景，這點已在前述中提到保留開發商業外，身為建築投資業者，如何面對開發之瓶頸，將會是建築業本身公關層面所能提供經營領導的重要參考指標。

7. 建築業對都市更新條例的研究，以及關於財務規劃、市場需求反應，及1.中的產品規劃外，更應該注意專業化、本土國際化的時代方向，而這其中尚涉及不動產證券化的相關問題，頗值得未來建築公關的思考。

二、樓管業

加入價值的觀念，樓管業從早期簡單的門禁及垃圾管理到今日的資產管理（property management），除具有保全、門禁、設備維護到清潔等服務外（以上應屬大樓之單純維生系統，即維持基本的前階段使用狀態），更進一步導入後階段的旅館或俱樂部的附加享受，而提升建築物的無形價值為其經營的觀念，其內容包括：門廳設計、動線規劃設計、使建築物內人、物之出入達

到最節省、安全的效益,其次則是針對住、商爲人詬病的組合規劃及持續更替中,掌控並確保共同環境之意象及利益;當然公寓大廈管理條例及樓管業管理辦法之出現,都將一一改寫這個行業的生態環境。

透過以上分析可以了解樓管業公關的利基是架構在整合式的規劃與互動關係,否則一開始便搞錯方向,未能根據住戶經濟條件、年齡、教育、職業、家庭結構與附近生活機能作好完善的評估,則必將步上前開建築公司,在規劃社區俱樂部時那種主觀、大而不當且全盤皆輸的局面。

而一般建築的軟體,除了本文所提的樓管業在負責機電、社區安全及俱樂部的管理外,尚有引進物業公司設立管理中心,規劃一系列的服務,包括免費之搬家服務查詢、代訂物品(鮮花、電影票、機票、旅館及代叫鎖匠),及收費的孩童接送、房屋租賃、鐘點傭人、聯合採購、水電維修等外,尚包括社區網路之落實,將有助樓管業管理公關運作的更上一層樓。

第六節 金融業

金融業跨足於保險、信託、投資、票券、綜合證券諸多領域,以達到全能化的銀行理財功能;然而定型化契約的責任限縮及民法保證的修正,在在都將影響金融業未來的法律規範及公關因應之道。

因此以下幾項因素,便成爲金融公關必須關注的課題:

1. 如何建立專業親和力的形象，此點可從玉山銀行所推展的專業及禮貌而窺見端倪。

2. 推動良好的客戶多元人性化及便利性服務，將是未來金融界必須思考的模式，像無人銀行、延長營業時間及電話理財服務都是提升金融業業績的試金石。

3. 推行良好的社區在地文化特質，以爭取地方認同感，這點是許多地區型金融能夠生存的關鍵因素。

4. 與媒體作好適當的公關，或者自行進行公關的推動，這點可從台新銀行的《認真美麗》雜誌看出其企圖。

5. 對於少數金融業者枉顧法律的作法，勢必在未來經營的競爭中，產生一定的淘汰式影響，這點金融公關不可不察。

面對著越來越競爭激烈的環境，我國的銀行除了在分行設置與數目上有絕對的優勢外，在其餘各項行銷因素如價格、產品、促銷、人員素質、程序管理、信譽、實體設備、公共關係、資訊交換和理財顧問諮詢等因素上，均有明顯地不如外國銀行在台分行，例如追回刷卡超收手續費部分，經媒體報導後，台新銀行表示不會代為追討，但花旗銀行卻表示負責全額償還費用來看，銀行的媒體公關便展現截然不同的文化認知。

其次網際網路在商業應用上日漸廣泛，單就金融業而言，網際網路便使得證券業開闢網路下單業務、保險業的線上投保業務，進而金融業開始思考龐大的租金及人事管銷上的花費，轉入較低廉的網路建置，透過網路的互動及雙向溝通，以及服務時間的延長，更將顛覆整個分行局限的作業體系。

　　全新的網路銀行時代已經到來，傳統的銀行業務除了開設分行，設立ATN業務、電話語音銀行，然而這些與最熱門的網路銀行相形之下，都顯得落伍。

　　所以全新的網路銀行，將眞正作到提供全年無休的服務，而其客戶開發及網羅的密度，亦將不受時間及地域的限制，同時透過資料庫的整合、市場調查研究、創造新產品，並透過網路促銷，將有助提升銀行與客戶的交易機會；此種雙向的即時溝通及多樣化的商品服務，亦將提升客戶滿意度與忠誠度，其關鍵亦同樣離不開公關基本法則；此點勢將開創金融業全新的里程碑。

　　然而當網路成爲促銷工具之同時，除了加強集中策略優勢開發新種業務、降低營運成本等的考量外，目前更應該注意的重點便是交易安全性的問題，而這也是網路交易公關的一個重要環節；主管機關財政部對網路銀行等電子交易的安全目前正規劃一套防範的策略，根據財政部金融局日前完成的「定型化電子交易契約草案」之初步決定，未來不論透過網際網路的銀行連線，或直接與銀行網路連線，客戶都要直接至銀行開戶後，才可在網上交易，以確保交易對象的眞實性。

　　當然未來的資料加密及電子簽章認證等，都將由第三者來作身分認證，以提高網上交易的安全性。

　　銀行在網際網路的作業上，不但改變了傳統的客戶服務時間、提高業務發展的可行性、降低經營成本，亦普遍地改變銀行內部的溝通管理制度（透過高度內部資訊整合，創造有價值的管理決策）；另外尤其在資金的流動管理上，透過網際網路在分行與總行之間，或者銀行與銀行間的快速流通、傳遞訊息，更提高

了各種業務的效率，而切實地達到降低銀行經營的成本優勢，更是今日銀行業創造更高盈餘的利器。因爲未來的競爭必然是服務的競爭，誰能爲客戶節省時間、增加便利，誰就能掌握客戶。

網路銀行將於未來五年內席捲全世界，台灣亦無法避免必須考量此一趨勢與競爭力，而網際網路帶來的改變，屆時一般民衆的生活將與網際網路緊密的結合，所以有人預計西元二〇一〇年上網使用人數將超過十億人，而商業交易亦將超過美金一兆元，所以在速度決定致勝關鍵的同時，除了交易方便及安全的雙重考量外，更應該注意的是網路公關必須了解的一些無法以機器取代的人文省思。

所以當網路成爲未來的主流時，各家銀行除了思考如何在網路銀行的經營績效上，爭取到競爭優勢的同時，亦無法不加以考量何種問題是不能以快速來取代的公關，這將成爲銀行業刻不容緩且必須愼重思考的課題。

第七節　休閒觀光與旅遊業

透過異業結盟的方式將會成爲開創旅遊業的新契機，加上近年來週休二日，生活休閒觀念的提升，過去旅遊業界的弊病逐漸攤開在陽光下，許多的契機及危機亦將隨之而至，不過同樣的旅遊法律規範在民法中明定後，亦將對旅遊業本身的體質轉換，產生一定程度的影響，如果再不思改進，必將逐步由市場中被淘汰出局，當然其中涉及窒礙難行之處則必須要透過公關遊說來修正立法，否則的話問題將日益複雜並有產生崩裂的風險。

　　儘管網際網路尚未成爲全民的需求，但是對於都會型飯店的公關來看，網際網路服務對於商務客戶已從時髦變成必需品，加上隨著網路族群的逐步增加及普及化，可以預見的未來將會有越來越多的房客會需要上網，因此當飯店開始在客房中安裝網路設備的同時，那些僅將網路設備放在商務中心的飯店，便必須要思考這個問題，因爲對絕大多數商務客人的方便性來看，勢必牽動對住房率的影響性！

　　目前各旅行業的公關行銷策略，以策略聯盟集體訴求的方式爲主要，其次是舉辦各類活動（例如與各種媒體合辦旅遊節目報導、風光介紹及抽獎活動）、記者會來表達對消費者的關心，以及推銷產品的價值（其重點就是必須要將產品及國家地區之特色了解透徹）。

　　而除了旅遊業外，目前國內觀光遊憩業中計有五個國家公園、十五個森林遊樂區、五十一個合法民營遊樂區，將透過以下條件來檢測分析目下的一些狀況。

一、區隔變數市場

　　首先應進行市場區隔，並且研究所在地理區域位置、遊憩活動內容、人口密集度、人文環境、遊客的年齡層分布，以及遊客重遊的可能性作爲區隔變數的基本架構，並且針對以上不同的區隔方式，交叉比對以便設定、選擇不同的目標市場，再輔以群體策略聯盟的完整規劃投入。

二、環境市場區分

其次我們將進行「總體」及「個體」環境對市場競爭的分類探討。

㈠總體環境

新市場區隔、新目標規劃與整合性行銷日趨重要，如何在多重法律規範、科技創新多變之中提供「高品質的遊憩」，並從事「觀光環保」、「完全休閒」、「人文關懷」及「綠色行銷」，將是業者未來必須加以強調的重點。

㈡個體環境

國家公園與森林遊樂區在「保育」的前提下，如何執行「適度遊憩」、「休養生息」的功能？而合法民營遊樂區又如何在面對非法業者惡性的競爭、政府取締不力、稅賦不公的情況下，不使經營遭受挫折困境？凡此種種正是公關所應發揮的實戰功用！

三、內外行銷策略

接下來本文將嘗試經由行銷學上的策略研究，來進一步剖析內外部影響市場行銷的一些變數供公關界參考。

㈠內部行銷策略

其主要構面可以內部行銷策略觀念化、人力資源管理導向、服務流程合理化、現場人員必要條件、顧客導向式評估等五個因素來建構。而目前觀光遊憩業對「內部行銷策略」執行效果不佳，主要因素則源於企業主之不正確的經營理念，因為根據調查顯示，遊樂區要吸引消費者重複使用的比例並不高，所以在無法累積知性方面的樂趣，將很難讓消費者興起去遊樂區的念頭。

㈡外部行銷策略

國家公園、森林遊樂區、民營遊樂區等因性質差異太大，在產品、價格、通路、推廣、人員、實體設施、程序、公共關係的訴求重點皆不一，因此該如何有效利用公關來強化市場接受，而非一味增加票價或更新機械設施便想發揮功效。

因此由以上之分類可以清楚的了解國家公園、森林遊樂區極需要建立不同的「公關行銷代理觀念」的經營哲學，而民營遊樂區在面臨劇烈的惡性競爭之下，除了抱持永續經營的服務理念外，如何才能使行銷策略有效的予以推動並執行，正考驗著公關市場的分析研究功力，而正如金克拉（Zig Ziglar）所說：「只要盡力幫助別人得到他們想要的東西，您就能如願得到一切您所想要的東西」。

當然國外旅遊公關業吸引人之處，便是內涵上強調用感覺去體會不同國度的美麗風貌，其次就是要注意各地風土人情、政治氣氛、天氣狀況、有無流行傳染病症以及遇到糾紛的解決方式，

如此才能充分讓旅遊公關發揮良好的功能。

　　其實台灣旅行團對國外旅遊不滿意最多的便是強迫性推銷、購買到假貨、班機嚴重延誤這三點；關於前二者需仰賴旅行社的自律與當地的關係，後者則在民航局積極規劃運作下，擬訂霸機的處理模式，這點由於具有法律效力，所以旅行社基本公關上便必須教育消費者，以免逞一時之快，而不知不覺觸犯法律，反而得不償失。

第八節　媒體業

　　新聞背後所代表的人性真實與虛偽的一面，往往不是新聞呈現的重點，因而未引起社會大眾的關注，但是身為社會一份子的媒體人來說，要作的便是展示新聞幕後的法律盲點與對立現象，藉由每一件社會事實的真相來分析，以便塑造更為完美的法律規制，並透過一幕幕的新聞事件，讓我們真誠地去關心每一個人，也為社會的和諧盡一分心力，這也算為一切司法冤抑或不滿的情緒，積一份永世的陰德。

　　至於新聞記者、編輯對新聞報導之法律責任，依據六十二年高等法院法律座談會及二十三年院字第一一四三號解釋：「凡報載有關非僅涉於私德之公益事項，不能證實其為真實而足以妨害他人名譽或信用者，則無論所刊載為自撰或轉載他人之投稿，該報載之採訪記者及負責審查之編輯，均應負刑事上妨害名譽及信用責任」；對於這點特提出供新聞界參考。

　　以台視與中視經常會為新聞收視率相互較勁為例，因為彼此

在參與某飲料公司擬投資三、四億元之預算製播關懷本土的文化節目的競爭上，由於台視後來居上而擬以獲得金鐘獎的大社會節目製作團隊及企劃案參與競標的同時，卻發生該團隊在採訪時發生「丟人事件」，結果引起該飲料公司的質疑並重新評估其能力，所以這點經驗便是告訴我們，連媒體本身的公關都必須考量其應變能力，否則如果缺乏這種危機意識的話，將會導致負面牽連的成敗效果。

其次新聞記者是否能運用本身的專業知識判別消息來源，而認為只要犯罪人尚未判決確定，或尚未進入司法程序便可以隱匿消息來源的這點公關省思，筆者以為記者朋友應考量其對社會正負面的影響，以免讓議題成為危機的導火線。

第四章　員工協助方案之企業內公關

　　本章我們將探究身為職業婦女的上班族，您是否正為幼兒或公婆的照料而大傷腦筋呢？目前正面臨破產邊緣的您，是否正為繁瑣的財務及法律問題而憂心不已呢？在如此繁忙的社會競爭環境中，您是否感到徬徨無助，而一生為公司賣命是否獲得妥善的照應呢？凡此一些生活現實問題，主其事者是否也曾經思量過，這些所可能帶來公司營運上赤字的隱憂嗎？

　　加上EAPS（employee assistance programs）這個新興名詞，勞委會在八十八年四月二日記者會上表示將透過稅賦優惠方式，即草擬「輔導事業單位推行員工協助方案實施要點草案」，鼓勵企業設立此一員工協助方案的實施，其究竟有何新意味存在其中呢？且讓我們一同踏入這門新興的人際關係學中一探究竟吧！

　　首先我們可以從過去傳統的企業內部溝通觀念中，發覺員工倘若在生活上發生上述無法解決的疑難問題時，通常只能自行設法解決，同時最好不要牽扯到公司為上策；但是在講求現代人性化管理及追求更高服務品質的產業來說，此種觀念革新則必須將所有員工與企業相結合成為一體或一家人的基本精神，正逐漸在國外大型企業中發酵；但是這種國外的架構當然也不能全然硬性地套用在國內企業體內，所以這點必須是引進這種概念的企業必

須先行明白的一種基本認知。

另外公司對於TQM（total quality and management）的規範應建立基本認知。T代表「上行下效，一脈相承」，亦即企業主本身的一貫堅持性之維持，而Q代表如何建立員工心靈共同願景的共識（包括正向增強、負向導正、懲處規範及消除忽略等四大原則），至於M則代表程序管控的落實在每一個PDCA（計畫、執行、審查及修正）的整體企業分工與責任的落實上。

第一節　員工協助方案之緣起

如果要追溯源頭，EAPS可翻譯為員工協助方案（略）；而這是由當年美國企業為解決員工酗酒問題所衍生出來的一種概念，簡單的說即是指在工作場所提供直接的服務系統，以便發現並解決有關影響勞動生產的相關問題，這其中包括企業積極預防規劃及員工個人家庭有關的各種服務轉介。

而美國一千人以上的企業，有33%提供此項服務；同時五百大企業更高達88%提供此項服務，並針對勞工不同的問題外包給專業公司，再以合約收費，平均每月每個員工約需花費1.3至4.3美元在EAPS上面。

四年前，由於當時的勞委會主委趙守博有感於勞資糾紛日趨嚴重，所以特別將這套觀念引進台灣，並邀請救國團與中華人力資源管理協會共同推動宣導、教育及改進本土化的工作。

不過針對國內企業及實施者，一直將EAPS局限於文字上的協助，其實是不正確的，例如對於紓解壓力的認定，如仍局限在

居住、休閒方面的硬體設施，反而對於軟體的建設缺乏一些整體性的構思，那無異只是緣木求魚的不切實際。

　　當然這其中的一個重要關鍵便在於資源的缺乏，所以未來企業必須體悟到EAPS的文化建制將是企業生存的命脈與動力時，這個企業的文化特質才能展現恒久經常，同時當EAPS成為決策重要參考的要素之一時，相信企業與員工共享命運共同體的那一刻必將隨之而至；當然EAPS的建制正是企業內外公關的礎石，如果能夠有效的運用此建制的功能，不但可以提高企業形象，同時也能提升業績。

　　目前國內採行EAPS的企業多屬電子業，如台灣通用器材、德州儀器、致伸企業、台灣積體電路公司、宏碁電腦；其他產業如中華汽車、漢翔航空工業公司、統一企業也都有此類體系，不過其中中華汽車堪稱是國內建構最為完善的企業。只是由於國情與美國不同，我國企業在作EAPS時，大多不敢碰觸「管理諮商」的領域，而僅專注在心理、健康、休閒、生涯規劃等層面。

第二節　員工協助方案之內容

　　然而究竟EAPS的內容為何？根據救國團的定義及筆者的詮釋修正後，大致可分為以下五大範疇：

一、諮商輔導範疇

　　1.生活輔導方案：如壓力與情緒管理（從心理諮商如職場浮

沉的海豚療法之心理顧問到一般體適能運用的各類紓解法）、人際溝通技術、家庭、婚姻諮商與親職之教育訓練。

2.生涯輔導方案：如未來適性工作之發展、組織內生涯規劃、離職或解職後之心理調適與因應之道。

3.健康生活方案：如休閒、聯誼、健診之身心調適之安排。

4.管理諮商方案：管理問題諮商、適任員工輔導及新進員工照顧。

二、教育訓練範疇

1.新進人員之講習。

2.身心教育的推廣。

3.在職進修的各類訓練教育、在職進修等提升自我終身學習的觀念推廣。

三、申訴協調範疇

1.工作適應（性騷擾及性別歧視之調查輔導與處置），這涉及到專業及保密性的關鍵。

2.調解勞資糾紛及內外部之公共關係。

3.組織發展的溝通、反映員工意見及提供相關資訊。

四、諮詢服務範疇

1.理財稅務。
2.保險規劃。
3.法律諮詢轉介。
4.社會福利管道的協助。

透過以上的管道整合以便能夠正確且適當地提供諮詢相關性服務，以期達到預期的功能發揮。

五、福利制度範疇

1.提供員工急難救助、慰問制度。
2.員工及其子女之獎助學金福利。
3.托兒養老之全方位服務。
4.休閒旅遊的安排服務。

從企業經營管理的專業概念來看，其實每個人的問題都有無法從外表看出來的潛在因素，所以必須依據個別狀況，規劃各種必須且有效率的立即性員工協助資源，以便提供有效且適時的協助，才能真正突破傳統單靠社工輔導的事後補救式作法，轉換為主動積極地早期發覺問題所在並加以協助，以防止事情引發的企業窘境。例如一個外科醫生因為家庭因素導致開刀失常，或高科技事業的專業工程師因壓力導致身體一時的崩潰，造成某個製程

錯誤，這些損害的發生絕不是金錢數字便能解決的企業危機；因此這個制度簡單的說便是企業內的公關。

當然，發覺問題後必須持續追蹤個案至問題完全解決為止，此種兼具預防性與發展性的目標，便是強調：企業不應將EAPS只單純視為員工福利，認為有錢就多作，沒錢就少作，而是應該列為管理成本必須開銷的部分，所以EAPS是必須要長期經營規劃的；而它也是員工攝取企業服務需要的一個重要窗口，同時也是員工主動投入工作的一個重要動機所繫，不過目前國內市場尚未成形，只有靠企業外的聯合諮商中心來取代。

所以當員工的生活一旦發生問題而明顯的影響到工作績效時，此時企業必須適時伸出援手，以便協助員工逐步解決問題，如此才能留住員工的心，並進而提高工作品質。

第三節　協助法則與評估

一、員工協助方案的流程與模式

一般來說，員工協助流程可分為三部分：(1)由公司以內部服務系統發現或推介個案，此時則靠訓練有素的主管，詢問那些有問題的員工是否願意由公司來協助；(2)個案評估，如此也是確保員工個人問題不致影響工作（出於實質面的關心）；(3)在評估後再考量並接受專業機構的諮商或轉介，以便使當事者能儘快恢復工作績效，並進而拉攏員工與公司之間的向心力，以達到三贏的

企業成功面。

　　而員工協助方案可分為以下四種模式：(1)專責或兼任委辦；(2)純粹委外去辦理；(3)策略性共同委辦；(4)成立社服聯合中心。

二、員工協助方案的評估

　　無論任何問題必先評估，而所謂的「評估」是指必先精確地了解員工的實際問題，初步評量問題治療的必要性，再來則是考慮可以援用哪些社會資源，以協助員工向這類服務提供者進行接洽，因此可先透過**表4-1**來作企業建制規劃時的參考依據。

表4-1　建制評量表

項目	企業外模式	企業內部建制
專業知能性	高	普通
保密信賴度	高	低
經濟效益性	高	低
服務功能性	高	普通
時效處理性	普通	高
部門協調性	普通	高
機動掌握性	高	普通

　　總之,員工服務系統必須扮演「問題發現者」與「協助者」的雙重角色,如此才能讓弱勢員工在自我貧乏的社會資源尋覓中,不至於病急而胡亂投醫,最終導致問題到達無法收拾的困窘地步。

　　在此類協助方案優劣的比較上,企業主可以依據自身的親自摸索與需求的不同,參用最佳的模式來達到預期的功效。

　　當然,對於提供者必須進一步了解企業主的意圖與傾向,否則此一協助方案的提案,必然因為無法打動企業主的心,或者無法說服企業主去理解其功能,一切的規劃都將歸於白費。

　　因此EAPS可從 **表4-2** 的數據中得出實施後成效之整體評估資訊,作為進一步決策的參考。

　　不過更重要的是這個窗口必須尊重隱私權的維繫,且必須注意不介入員工的工作面,以免與案主間發生利益衝突的尷尬,進而動搖員工對其的信賴,不過因為僱傭關係及公會組織的一些巧妙因素,往往使得投身其中的公關服務業,必須釐清分際點,以避免兩面不討好。

第四節　員工協助方案之需求與法規

一、員工協助方案的需求

　　根據了解,目前實施這類制度的公司,最迫切感到需要的除了心理諮商之外,便是對於法律的諮詢服務,然而其無論在直接

表4-2　成果評量表

項目	企業員工直接或間接之反應		
員工穩定性	高	中	低
員工出席率	高	中	低
員工生產力	高	中	低
員工服務度	高	中	低
壓力改善率	高	中	低
福利滿意度	高	中	低
管理滿意度	高	中	低
認同制度感	高	中	低
服務使用度	高	中	低

或間接的尋求協助上，除都發揮了其應有的功用外，更值得注意的是，企業的這項建制，是否提升了員工的向心力、新進員工加入的興趣及工作績效的提升，或者使得公司的營運提高等等評估報告；這點頗值得企業主本身在對內或對外公關上加以留意！

　　根據美國的經驗，推行EAPS將有助於勞動生產力的提升、降低工作傷害、減低曠職、離職、健保支出並促進勞資和諧及降低管理風險等優點，足供現代企業化公關的參考。

　　同時最近修正的保證人制度，勢必衝擊產業的人事管理制度，此一制度將使得企業在保證人的處理程序上，變得十分複雜，因為三年一到便要換約、職務變動也換約、如有損害必須先向員工本人請求等等；當然對於企業與銀行間造成極大的影響，而在銀行貸款保證上，增加銀行不能要求保證人放棄抗辯權，則將因實現公平正義而使得企業與銀行在外部公關增加許多必須面對的法律難題或尋求解藥。

　　現代管理上強調企業與員工「分享」的觀念，在成功的企業便可看出實例。（註）以台灣奇美集團為例，它是建立在「無私」觀念上的成功企業，短短五年內便發展為世界上生產ABS原料的第一大廠。早於民國六十一年的時代便推出「人性管理」，其先進的程度一點也不遜於歐美。奇美施行「分紅」與「員工持股」的制度，落實員工的向心力，持有的員工隨年資而慢慢成長股額，其歸屬感自必日益增加。

　　領導人許文龍先生堅信幾項原則：

1. 公司股東能悠閒地生活，是建立在從業員辛勤的工作上，股東應當心存感念。
2. 從業員把畢生青春奉獻給公司，公司有義務改善他們的生活。
3. 員工持有的股份即使不多，每年分配的盈餘，對於退休後的老年生活也是一種保障。
4. 公司的盈餘讓從業員來分享，可使員工懷有與公司共榮共存的心態，收到激勵員工努力工作的效果。

　　管理者從舊式的獨裁式、機械化管理已逐漸演變至今日的注意員工心理層面的人性化管理，勞資關係也隨之改變。

　　一個高明的領導者除帶領團體達到目標、公司獲利外，能讓員工產生自我激勵，賦予工作意義，感受公司大環境中的定位、企業使命感，並以公司為榮，這不也正是與EAPS有著異曲同工之妙嗎？日本的企業領導人相當懂得將企業經營的意義推至很崇高的境界，例如經營之神松下幸之助認為，消除社會貧窮是企業的責任，您認為呢？同時企業的社會公益亦是企業公關的一個重要使命！

二、現行勞工法規之適用

㈠個別類

■ 勞動關係

　　1.勞動契約法。

　　2.民法僱傭篇。

　　3.工廠法之工作契約。

　　4.勞基法之勞動契約章。

■ 勞工保護

　　1.勞動基準類：(1)勞動基準法及其施行細則；(2)工廠法；(3)礦場法；(4)廠礦工人受僱解僱辦法；(5)台灣省工廠工人退

休規則；(6)台灣省礦工退休規則。

2.勞工保險類：勞工保險條例。

3.就業安全類：(1)職業訓練法；(2)就業服務法；(3)男女工作平等法草案。

4.勞工福利類：(1)基本工資審議辦法；(2)積欠工資墊償基金提繳及墊償管理辦法；(3)職工福利金條例；(4)勞工請假規則；(5)勞工退休準備金提撥及管理辦法；(6)勞工退休基金收支保管及運用辦法。

5.勞工教育類：(1)礦場安全法；(2)勞工安全衛生法；(3)勞工教育實施辦法；(4)勞動檢查員遴用及專業訓練辦法。

㈡團體類

1.勞工組織：工會法。

2.團體協約：團體協約法。

3.勞工參與：勞資會議實施辦法。

4.勞資爭議：勞資爭議處理法。

註：黃越宏，《觀念—許文龍和他的奇美王國》，商周出版社。

第五章　公關發展之願景

　　在今日轉變極爲快速的社會趨勢下，如果單靠企管知識，顯然已不足以應付管理方面的工作，因此未來決定市場勝負的訣竅，便在是否能夠發揮公共關係的影響力；其次便是透過一些市場調查及交叉比對的資料顯示，將有助於現行或將要投注這個行業的從業人員，有更深一層的公關市場的未來與現在的整體性價值評估。

　　如果再加上廣告、企管及行銷的公關，或者政府機能持續不斷的發展下，法律將會越來越細密，所以大多數的公關代理公司都會聘僱一至多位的公司律師或法律顧問，以作爲業務及創意部門的諮詢顧問時，那麼懂得掌握先機之人必能引導市場的未來發展趨勢。

　　透過這些律師或法律顧問審核相關的製作，可以確保它符合消費者保護、公平交易法的規定，其次則是與外包廠商、演員合約、訴訟、房地產和租約等一干法律問題；同時因爲這個行業的法規十分的專業，所以非常具有挑戰與寡占性，任何公司對此專業領域必須加以區別與了解，否則只是會跌入五里雲霧中而摸不著邊際。

第一節 廣告與行銷之延伸

廣告是廣告主依據媒體定價花錢買版面或時段，並透過第二層花費請廣告業者就廣告爲設計創意及完稿，並以消費者可以接受的方式去表達企業本身或產品的訊息，清楚地向目標群進行訴求或告知。

而透過公關的實際行銷分析，才能避免廣告效益無法發揮而形成花大錢收小效的弊病，例如根據調查發現車商花在有線電視的廣告量超過無線電視台及報紙總合的七倍左右，但帶動的銷售卻十分有限。

同時公關透過第三者之證言方式，可以取得潛在消費者的認同，所以花費在公關服務的業主，是不需另外再付費給第三者，而僅付費給公關業者的單純交易行爲模式，對業者來說的確省下許多時間與精力上的不必要浪費，而其根本關鍵便在如何整合行銷與市場的公關環節上。

整合行銷背景與市場情勢分析（synergy marketing background & situational analysis）內容如次：（註一）

1.市場分析（market analysis）：
   ・消費市場量（consumer market size）。
   ・主要品牌的市場占有率（market share of major brands）。
   ・商品生命週期（product life cycle）。

- 市場區域變化 (divisional brand development)。
- 市場區隔 (market divide)。
- 價位分析 (price analysis)。
- 通路分析 (channel analysis)。

2. 產品分析 (product analysis)：
   - 競爭者分析 (major competitors analysis)。
   - 消費者分析 (consumer analysis)。
   - 競爭力分析 (competiton analysis)。

3. 癥結點 (issue)：
   - 問題點 (problems)。
   - 機會點 (opportunities)。

4. 行銷建議 (marketing recommendation)：
   - 行銷目標 (marketing objectives)。
   - 目標對象 (target group)。
   - 行銷策略 (marketing strategy)。
   - 關係行銷 (relation marketing)。
   - 產品定位 (positioning)。
   - 形象整合 (unified image)。

5. 廣告建議 (advertising recommendation)：
   - 廣告目標 (advertising objectives)。
   - 廣告對象 (target audience)。
   - 消費者利益 (consumer benefit)。
   - 支持點 (support reason)。
   - 格調與氣氛 (tone & manner)。

6. 創意表現建議 (creative recommendation)：
   - 表現目標 (creative objective)。
   - 訴求對象 (appeal target)。
   - 表現戰略 (creative strategy)。
   - 表現方向 (creative direction)。
   - 表現創意 (creative ideas)。
   - 文案綱領 (copy platform)。
   - 表現測試 (creative test)。

7. 媒體建議 (media recommendation)：
   - 媒體目標與評估 (media objective and analysis)。
   - 媒體戰略 (media strategy)。
   - 媒體選擇 (media selection)。
   - 媒體購買 (media buyer)。
   - 預算分配 (budget allocation)。
   - 媒體排期 (media scheduling)。

8. 促銷建議 (sales promotion recommendation)：必須特別注意需求導向、外在導向、內在導向、及整合導向等四種導向。
   - 促銷策略 (sales promotion strategy)：聯合促銷、贈獎活動、實際效能及降低品牌忠誠度。
   - 產品價格 (positioning price)。
   - 產品包裝 (positioning pocket)。
   - 結果分析 (result analysis)。

9. 其他建議 (other recommendation)。

10.總結（conclusion）。

第二節　初期架構、評估與發展

一、公司初期架構

公司本身初期架構上能否完善建立，端視其基本組成員是否符合以下的編制為首要考量點：

㈠業務部門

1. 公司接單及執行，負責客戶溝通及聯絡。
2. 籌劃公司營運計畫，協助蒐集同業現況及作為協助客戶的研判根據，同時負責客戶徵信。

㈡創意部門

協助業務部門與客戶間的個案構思、設計平面及電子媒體廣告之文案處理。

1. 展覽設計（project executive）。
2. 商業海報設計。
3. 通訊名錄設計。

　　構思——草案——製作（內製或外包）——後製——完稿——審核——交稿

㈢市調部門

1. 調查、研究市場活動、資料蒐集。
2. 分析及統計景氣、產業、產品、消費趨勢、環境因素，並對效果評估供業務、創意部門作為說服客戶之執行依據。

㈣企劃部門

1. 負責媒體規劃、購買與聯繫（包括發稿、媒體開發（報紙、雜誌、電視、電台及戶外媒體之報價）、發包及監督）。
2. 另外舉凡產品促銷活動、展示、發表及消費抽獎等一連串的活動設計。
3. 媒體部門四大主要項目：年度企劃（使用媒體及廣告大概預算）、定期媒體評估（產品所需廣告量、媒體組合、季節性分配策略、電視媒體購買之效果分析與其他媒體購買效果分析）、媒體趨勢報告及媒體研究。

㈤公關部門

在整合性傳播而言，包括廣告、促銷、公共關係、公關策略及直銷等傳播功能外，更負責公司、客戶活動的發布，執行客戶之公關計畫，安排參訪，以及和政府、各媒體交涉（例如贊助）與購買，員工協助方案的規劃，以使整體訴求凸顯。亦即創造、傳達及借重溝通技巧給企業高階主管。

㈥人事財務部門

1.對於合約之擬訂、監督。

2.費用之回收及收支的掌控必須切實。

3.對於人員召募及培訓管理的落實。

二、評估市場概況

要想進入一個競爭性的市場環境，必須要先行評估市場概況內容才能評估風險。

㈠公司分布

■ 廣告公司

1. 國內：⑴百分之百本土（如聯廣、東方、華懋、英泰、清華、華得及意識型態等，約占所有廣告業的八成），其他尚有靈智、太笈策略傳播等；⑵中外合資（如奧美、泰一、華商、國華、台廣、志上等）。

2. 國外：外資部分如麥肯、智威湯遜、上奇、李奧貝納、靈獅、伊登等；廣告承攬排名前十五名分別為智威湯遜、奧美、聯廣、麥肯、華威葛瑞、博陽、台廣、上奇、喬商、華懋、東方、華商、國華、靈獅、英泰等；其廣告承攬額至少都在五億元以上。

■ 公關公司

> 1.國內：依成立時間排列爲聯太、精英、奧美、達豐、楷模、
> 創勢、威肯、國際、領導策略、極緻、軸心、吳祥輝國際、
> 強棒、同心公關傳播、上造國際、趨勢、決策國際、二一
> 世紀、亞太、京鼎、頤德、威格、傑出、合衆、廣潞行銷
> 傳播企業、威立、樺舍、諦怡、戰國策、縱橫、碩泰、寬
> 達訊、金盤、鴻樵傳播、光華、群智國際、韜略、德豐、
> 範亞、巨璽國際、愛德曼、經典、宣凱、威鼎、鈞霈。
> 2.國外：目前外商幾乎退守這塊土地公關市場，只剩下港商
> 偉達、理登、宣偉凱旋先驅等公關公司之台灣分公司。
> 3.兼營資訊網路公關：第三波資訊、快門多媒體、淡江中工
> 會、華美廣告事業、滾動傳播、頂新國際整合傳播、跨世
> 紀廣告、庭園精緻花坊及Newell等。

㈡企業聯盟的經濟效益的提升

過去數年來，由於國內外經濟環境轉變，服務業逐步取代生
產業，將形成一個商業轉型的契機。

㈢人力運用狀況

> 1.人力需求有無困難？
> 2.員工培訓養成及分紅入股之可行性？
> 3.如何避免人員流動？

㈣利潤及資金的掌控度

1.各項合約法律文字的確立與執行。

2.各項款項的收取與時間掌握。

3.公司服務產能的預估。

4.獲利能力及現金流量。

　⑴財務結構：

　　• 負債占資產比率＝負債／資產

　　• 存款占淨值比率＝存款／淨值

　　• 固定資產占淨值比率＝固定資產／淨值

　⑵經營能力：

　　• 總資產週轉率＝營業收入總額／平均總資產

　　• 員工平均營業收入額＝營業收入／員工總人數

　　• 員工平均獲利額＝稅前純益／員工總人數

　⑶獲利能力：

　　• 資產報酬率＝〔稅前損益＋利息費用（1－稅率）〕／平均資產總額

　　• 股東權益報酬率＝稅後損益／平均股東權益淨值

　　• 純益率＝稅後損益／營業收入總額

　　• 每股盈餘＝（稅後淨利－特別股股利）／加權平均已發行股數

5.整體服務業的成長率：八十四年之8.78％；八十五年之7.74％；八十六年之9.2％。其構成比亦逐年緩步成長約0.1個百分點。

㈤成功效益之掌控關鍵

1. 掌控相關衍生之發生費用較低。

2. 提供較小預算即可實施的方式。

3. 倘若遭遇變更計畫,成本較低。

4. 可否統合集中於特定時段施行。

5. 效果之測試較易直接評估績效。

6. 是否擁有具隱密性及專屬性之利基。

7. 如何提升接受程度,而不易被回絕。

8. 透過雙向溝通可立刻解決客戶問題。

9. 行銷訴求是否具彈性,或短期內必須大規模進行促銷活動的釐清。

10. 如何有效掌握目標客戶,可否與網路科技配合(例如E-ICP消費行銷資料庫般掌握品牌競爭消長資訊、了解目標消費生活型態、媒體接觸等關鍵),立即統計交叉分析、登錄顯示客戶動態資訊。

三、未來發展

最後爲研究其未來發展性,這也正是目前企業能否生存的關鍵點。

㈠公司服務商品的多元化

在未來經濟金融的發展環境中,舉凡消費性金融、理財服務、

企業形象、政府公關及政策宣導皆有其發展空間。然而該等業務的拓展則有賴於迅速便捷的專業化、多元化的一貫服務及積極性的廣告設計、行銷、形象及公關企劃的整體性包裝。

㈡專業形象的建立

透過公司組織成員的專長實績配合業務上的拓展及財務保全及控管；尤其公關必須站在業主的立場，實際體會問題，才能提供比專業更專業的規劃與執行能力。

㈢評估未來發展性

根據台灣經濟研究院調查八十七年之服務業景氣展望看好占52.9%，持平占45.1%，看壞僅占2%。

㈣公司服務項目的研發及品質控管的提升

同時注意高科技公關約占各公關業者客戶的35%作出擊的考量，同時借力使力的導入企業文化的優點。

㈤經營者隨時調整主觀價值及心中尺度

任何一個公司想要永續經營，必須要經營者明白得隨時調整自己的主觀價值及心中尺度，以便隨時掌握外在環境變化的敏感度，而不只是局限在過往經驗的框架中跳脫不出來，同時要不斷創新接受新知，讓整個組織成員動起來，另外便是聘僱成員必須體悟到多少實力多少付費的現代薪給制，如此才能開創公司應有的業績與價值。

㈥參考國內公關市場總產值排行

國內公關市場總產值排行順序為消費性產業占絕大數,其次分布於高科技產業、金融業、醫藥產業、遊說、危機處理及議題管理、運動、藝術行銷之規劃,相信這其中應有一些軌跡可資依循。

第三節　規範、危機及性別

一、公關守則

美國公關協會制定之會員守則共計十四條,可分為公共利益類、客戶利益類、同業利益類及會員與協會關係類等四類。

㈠公共利益類

公共利益類包括: (註二)

第一條:本會會員對待客戶或雇主 (現在的、過去的或未來的)、公司自己的員工,以及一般群眾應力求公平。

第二條:本會會員的職業生涯中應始終顧及公共利益。

第三條:本會會員應堅守真理、正確,以及一般的高尚行為標準。

第六條:本會會員不得從事任何足以敗壞傳播管道的清廉或破壞政府法令的行動。

第七條：本會會員不可故意散播虛假或誤導的資訊，並應儘量防止這種虛假或誤導資訊的發生。

(二)客戶利益類

客戶利益類包括：

第四條：本會會員不得同時代表互相衝突或互相競爭的兩方。除非事先聲明，並得到雙方同意；亦不得在未將全部事實公開的情形下，會員為了自身利益，妨礙到客戶及他人的忠誠。

第五條：本會會員必須為現在或以前的客戶或雇主保守秘密，任何聘僱如可能涉及透露或使用此種秘密，以致此客戶或雇主將蒙受不利者，應予拒絕。

第八條：本會會員不可表面上聲稱為某個人或機構追求某種目標，而實際上卻秘密為另一會員、客戶或雇主謀求特殊利益。

第十二條：本會會員為客戶或雇主服務時，如未將事實公開，並未得客戶或雇主同意，不得接受他人所付費用、佣金或其他酬勞。

(三)同業利益類

同業利益類包括：

第十條：本會會員不得傷害另一會員的名譽或業務。如果某一會員持有證據，足以證明另一會員有不道德行為，違反法律，或不公平的作法，包括違反本守則

時，前者可將全部資料交本會有關主辦人員，根據
附則第十二條辦理之。
第十一條：本會會員如被邀到本守則審議上作證時，必須出
席，除非有充分理由，並得到聽證小組的同意，方
可免於出席。
第十三條：本會會員對於不可直接控制之案件，不得保證最
後達成何種結果。

四會員與協會關係類

會員與協會關係類包括：
第十一條： （條文同上）
第十二條： （條文同上）
第十四條：會員如已受某個人或機構之聘僱，顯然將會違反
本守則條款之規定時，應儘速終止此聘僱關係。」
由以上的分析可以看出，專業公共關係人員除了追求自身的
利益以外，還要保護客戶或雇主的利益，同時要維護公共利益。
因公關是一門專業，從業人員要顧及本業整體的榮譽，所以還要
兼顧同業的利益，並與該協會維持良好關係。
中國公共關係協會早在三十多年之前，鑑於我國亟須推動公
共關係本業化，而草擬會員守則共十條，於民國五十五年十一月
二十日在該會第六屆會員大會中通過（摘錄自《公關雜誌》）。
不過當時因時機尚未成熟，這份守則至今均未發生任何作
用，所以幾乎早被人遺忘，但仍有其歷史意義及參考價值。

1. 本會會員（以下簡稱會員）應保持完整人格，具有高尚道德，爭取社會信任，維持良好聲譽。
2. 會員對本會章程、守則及規定事項，應切實奉行不得違背。
3. 會員於執行公務及公共關係業務時，應保守機關委託人在業務上之機密。
4. 會員不得妨礙或破壞其他會員之名譽及其辦理之業務。
5. 會員執行業務應尊重當地善良風俗及公共利益。
6. 會員不得故意傳播不實或易於使人誤解之消息。
7. 會員應就個別工作崗位努力奉行國策，加速經濟發展。
8. 會員應培養公共關係知識及技能，以促進我國公共關係學術之成長及公共關係專業化之形成。
9. 會員應本互助合作之精神，謀求會員之福利。
10. 會員如有違反本守則，應依照本會會章之規定處理之。

二、危機處理之法律考量

美國德州公關法律專家法蘭克（Frank Walsh）就曾指出，企業公關人員經常在各類公關活動中面對法律事務的考驗與挑戰！（註三）

公關行為會與法律有關，包括市場競爭、危機處理、企業購併、促銷活動、選舉、廣告等。

第一，歹徒勒索必須具備何種要件？以及歹徒實施行為觸犯的罪責？

1. 「勒索」在法律上之名辭稱之為「恐嚇取財」，依刑法第三百四十六條之規定，必須具備以下要件：
   - 意圖為自己或第三人之不法所有。
   - 以恐嚇之方式（例如寄發恐嚇信說明如不遵從將受到怎樣的報復、將刀插於桌上、放置炸彈及在產品下毒等等）。
   - 命人將本人或第三人之物交付；或得財產上不法利益、或使第三人得之者。而恐嚇在法律上之基本樣態可細分為以下三種：(1)恐嚇公眾：以加害生命、身體、財產之事恐嚇公眾，致生危害於公安者，處二年以下有期徒刑。（刑法一五一條）(2)恐嚇特定之一人或數人：以加害生命、身體、自由、名譽、財產之事恐嚇他人致生危害於安全者，處二年以下有期徒刑、拘役或三百元以下罰金。（刑法三〇五條）(3)恐嚇取財：詳如前述之說明，處六月以上五年以下有期徒刑，得併科一千元以下罰金。

2. 歹徒實施勒索之前行為可能觸犯的罪責：
   - 無正當理由使用炸藥、棉花藥、雷汞或其他相類的爆裂物爆炸，致生公共危險者，處一年以上七年以下有期徒刑。（參刑法第一百八十六條之一）
   - 對他人公開陳列、販賣之飲食物品或其他物品滲入、添加或塗抹毒物或其他有害人體健康之物質者，或將已滲入、添加或塗抹毒物或其他有害人體健康之飲食物品混雜於公開陳列、販賣之飲食物品或其他物品者亦同，處七年以下有期徒刑。（參刑法第一百九十一條之一）

第二，企業在危機時該如何取證？

例如：如何與歹徒周旋以緩和其情緒，紙條及現場監錄設備的檢查，電話錄音及報警處理的方式等。

其實打官司非常有學問，一般稍懂箇中奧妙者，多會找律師去打官司或幫自己答辯，因為當事人不會自己主張，或是不懂法律的話，一到法庭只有挨打的分。就像部分求償一元或者建築爭訟由其中一戶出面的官司，為什麼寧願花至少五萬元，甚至十多萬元請律師去打，這其中涉及的便是訴訟技巧中的投石問路，明的看或許投資報酬率不高，但背後的關鍵卻是非一語所可道破的權益保障呀！

第三，店員可對歹徒採取何種正當防衛措施？

所謂正當防衛，依刑法第二十三條規定，對於現在不法之侵害，例如：(1)被強盜追趕，迫不得已而順手拿起物品抵抗；(2)夜間有賊人入侵，持棍棒躲於門後堵截，亦即必須對於現在不正之侵害，始能成立，如果侵害已經過去，或僅是預料而侵害尚屬未來，則均不屬之，同時實施時必須出於防衛自己或他人權利之行為者，方足以構成阻卻違法之主張。

第四，消費者在店內用餐如不幸遭炸傷，麥當勞有無法律責任或只是道義責任？而最近實務上發生因公司在人行道塗漆而使行人受傷及飲用來來飯店礦泉水，卻因其中有類似松香水之有機溶性的有毒物質而發生嘔吐、昏迷、緊急送醫情況，在消保法通過後，一般公司相對的責任亦提高，如何妥善應對，將考驗企業主與公關法律結合的智慧了！

第五，功能比較上，以市場競爭為例，曾經有一個電磁爐的

案例，某甲廠牌電磁爐在一系列的促銷活動中，在功能比較時，指稱某乙品牌不安全，造成雙方對簿公堂，在爭議中特別提到所謂的明顯影射、誹謗，造成對方形象受損害的問題；以及洗衣粉廣告，在功能比較上，指稱對方效果不實等等均是企業外部公關必須加以注意的問題。

以上這些法律上的考慮，點出了公關與法律間密不可分的關係；根據筆者過去所進行策劃、執行的公關計畫經驗中，眼見很多企業在執行公開活動中不知不覺地作出違法的事，也可能因過當防衛或保護而侵害第三者的權益，更可能因不了解特定公關作為之法律立場而平白喪失自身的權益，所以特別在此語重心長的提點企業公關，這些環結若不設法了解，勢必在這個環境中被淘汰出局。

其次，企業舉辦促銷活動或公益活動時，必須考慮現金或高價獎品的稅金負擔的問題，以及企業或相關團體利用公益活動籌募資金的積極條件與消極條件。

再者，企業活動有時採用現成的影片、電腦動畫、音樂等涉及智慧財產權的侵害與否；又如，百貨業的折扣促銷活動、進口水貨搭便車競銷、單一廠商產品市場占有率超過5％等是否違反公平交易法等。

因此公關與法律的充分溝通與合作默契的建立，將是未來企業致勝的重要關鍵所在。

三、性別研究

台灣地區公關行業女性粗估約為男性的兩倍以上，而且不論在公關公司或一般企業組織型態中，均相同以觀；公關行業的確已成為一種以女性為主的特殊行業，不過產業別的不同則有不同的生態比例，而公關有許多事務性的工作，不可否認地女性的確較男性細心。公關人員的日常角色行為可以歸類成兩種主要的角色類型，一為「公關經理人」（public relations manager），一為「公關技術人員」（public realtions technician），但公關人員所行使的角色行為與美國地區稍有差異，公關經理人與公關技術人員負責的工作與美國的研究發現略有不同（註四）。

在性別與角色類型方面，女性公關較常擔任「公關技術人員」的角色，男性公關則較常擔任「公關經理人」的角色，顯示目前台灣地區公關行業仍然存在「角色隔離」現象；不過根據實際市場調查女性主管在公關業務提案能力及執行面上，顯然均較男性優異，這點頗值得欲投入這個行業的男性加以注意，畢竟「柔性公關」的氣質特性將是許多問題解決之鑰，這也是一種無法取代的未來趨勢。

而從企業公關經理人之教育背景分析，筆者發現主修新聞傳播或公關相關科系者，與非主修相關科系者在實際投入工作上並無太大的差異性，因此顯示台灣地區公關行業亦存在「外行領導內行」的怪異現象，此一「專業侵占或越界」的問題，如果企業主未加以深思而任由公司高層主管讓非公關領域的人士來擔任公

關部門負責人的職務，而這樣的現象如果持續發展下去的話，對於企業公關部門而言，將是其朝向專業發展過程中最嚴重的障礙與阻力。

而根據全美國所有行業的調查，壓力最大的三個行業分別為機場塔台、消防隊員及公關三類；而這個行業的起薪基本上較低；而企業公關較一般公關公司安穩，因為財團背景的影響，然而從挑戰性來看，一般公關公司的層面可能較為寬廣而具挑戰性，有時那種感覺不是可以用金錢或穩定來衡量！特在此一併提出來供參考。

註一：漆梅君，〈解析成功的廣告企劃〉，《公關雜誌》，第9期，pp.37-39。

註二：張在山，〈公共關係專業化與道德規範〉，《公關雜誌》，第11期，pp.29-33。

註三：蔡松齡，《公關趨勢》，81年，pp.101-103。

註四：吳宜臻、胡幼偉、蔡以倫，〈公關管理者與公關技術人員〉，《廣告學研究》，第6期。

第二篇　智慧財產法

　　當公共關係與法律相互結合時，很多人多會猶豫法律與公關兩者的複雜性，究竟該如何從中找出共通點及交叉點來運用呢？

　　的確這在過去或未來都是一個困境，也因此公關與法律兩者分道揚鑣，在國內幾乎沒有一位跨領域之人來探研這個陌生的領域，原本這也無可厚非。然而隨著時代的進步，社會的訊息透過各種傳播媒體的散播，使得許多問題浮出檯面，就拿本篇當中所談到的商標與商號名稱的爭議時，許多人都會認為這與公共關係無關，然而當一個企業投注大批金錢在市場行銷時，若無法就這類基本法律常識作出預先的判別時，則不知將造成企業有形、無形的損失會有多大呢？

　　這麼多年來眼看許多企業因為缺乏危機意識，而只一味強調企業外公關，而忽視企業內公關時，一些隱然成形的危機便靜悄悄地擊垮許多知名企業體，這點我們也可從許多新聞事件中得窺端倪。

　　且按今日科技發達，工商業研究開發之產品，係屬一般所指之智慧財產權或屬於營業秘密，是為公司之命脈，所以均列為機密，非經授權無法取得開發，縱案發當時該型機器尚未取得專利，亦屬生產之方法、技術、製程之資訊，而該資訊亦僅本公司之高級人員始得知悉而具有實際之經濟價值，衡屬營業秘密之一種（營業秘密保護法第二條參照），由於這些關係公司之存續發展與否之命脈，若非經授權他人自無由取得設計繪圖文件而從事生產，自屬工商業上列為機密之範疇，此點在智慧財產之基本公關保護上亦應視為十分重要的關鍵所在。

　　另外倘被告等所涉侵占犯行，均在國外如日本及馬來西亞

等，為我國領域之外，依刑法第七條之規定，此部分不為刑法效力所及，故不得適用我國刑法論處，此時便必須考量該國相關的法律規定，此點在公關評估訴追上，亦應加以考量其訴訟成敗及相關損耗！

第六章 商 標

　　一般商標的申請規費雖然不高，但不同產品類別的數宗申請案，亦往往讓決策者游移於註冊與否的邊緣。加上如遇景氣低迷之際，企業此時不妨考慮以主商標（house-mark，一般多爲公司名稱的特取部分）、model-name等作爲行銷主軸；一者減少申請費，因爲按件收費，再者降低涉訟風險，二者相輔可收共同廣告（公司名稱加上商標名稱）之效。其次，減少第二品牌的策略運用，此點則見仁見智，在不同的產業有不同的評估，對於產品生命週期較短者，可逕行透過商標查名，只要近似性不高，多可規避無端涉訟的投資風險性。

　　另外關於歐聯商標局申請商標註冊，即可在歐聯十五國享受同等之保護，但因有台商向葡萄牙政府申請被拒，此舉未來將會引發相互間對「商標優先權互惠協議」適用的疑義，其後續發展頗值得企業公關的注意，所以此點在國際上的商標登記務必加以調查清楚，以免權益受損。

第一節 商號與公司之名稱爭戰

　　近年來在市場上投入巨額廣告費用，促銷「〇九三五台灣大哥大」的原太平洋電信事業公司，在台灣的行動電話業務八十五

年開放後，太平洋集團於八十五年九月成立關係企業「太平洋電信事業公司」，專營二哥大及大哥大，因此高雄市太平洋工程行寄發存證信函給太平洋電信公司，要求立刻停用「太平洋」字樣，否則要控告太平洋惡意侵害商標專用權。

一、爭戰啟幕

太平洋電信接到信函後隨即由律師函覆太平洋工程行，辯稱太平洋電信公司所經營的只是「服務特許業」，是作「電訊通訊服務」，不經營任何包括通訊器材的買賣，所以經營項目和太平洋工程行沒有衝突，也沒有侵犯商標專用權之虞。但因未予理會，因此資本額只有一百萬元之「太平洋電話工程行」於八十六年底提起自訴，控告侵犯「太平洋」的商標專用權。

因高雄市太平洋電話工程行在民國六十七年起就在三民區營業，並且登記的營業項目把有線、無線電話有關的都包括在內，七十四年並向經濟部中央標準局取得「太平洋TPV」商標專用權為期二十年。

高雄市資本額只有一百萬元的太平洋電話工程行，認為太平洋電信公司也使用「太平洋」字樣，侵犯工程行的商標專用權，自訴太平洋電信負責人孫道存違反商標法，迫使其一度宣稱，從沒賣過大哥大，又說老闆孫道存所作的「〇九三五全區行動電話系統」、「提供您通話品質最好的全區大哥大電信服務」等廣告，都只是推銷太平洋公司電信系統服務的「形象」廣告，不是賣大哥大及二哥大手機的「商品」廣告。為了這場官司，太平洋

電信先是被迫減縮登記營業範圍，把「無線電信收信機的買賣、裝修」及「一般進出口貿易」業務刪除，但太平洋工程行還是不滿意。太平洋公司不得已，遂於八十七年六月更名為「台灣大哥大股份有限公司」，高雄地院也因此認為，孫道存沒有侵犯商標專用權，判決無罪。

二、論辯要點

太平洋電信辯稱：太平洋電信只是建立電訊系統及配售門號等電訊服務，不是銷售手機等電訊商品，提供消費者的是「服務」，太平洋工程行則是「商品」，雙方不衝突；而且太平洋工程行是獨資商號，它的商標根本沒有知名度，產品也沒有流通到台北地區。

太平洋工程行舉證：孫道存在媒體上促銷大哥大的廣告，證明太平洋公司確實有出售手機的營業行為。

太平洋電信再辯說：那些都是「形象」廣告，不是「商品」廣告；後來又說那是廣告公司作的，是經銷商個人行為，和太平洋電信公司無關。

法院訴訟的同時，太平洋電信也有些自保動作：⑴刪除「無線電信收信機的買賣、裝修」及「一般進出口貿易」業務登記；⑵太平洋電信公司眼見再不作退讓，官司極可能敗訴，於是忍痛放棄冠上太平洋關係企業的「太平洋」字樣，更名為「台灣大哥大股份有限公司」。

高雄的小蝦米「太平洋電話工程行」，扳倒台北大鯨魚「太

平洋電信公司」，暴露出現行商業登記法和商標法規定的衝突問
題。

> 1. 商業登記法規定，商號名稱不能跨過縣市，高雄市太平洋
>   電話工程行，台南市也可以設同名工程行；公司則是可以
>   跨縣市，只要有一家先取得「太平洋電信」公司名稱，全
>   台就不能有第二家名稱相同的公司。
> 2. 不過，商號和公司「井水不犯河水」，太平洋電話工程行
>   和太平洋電信公司可以並存。
> 3. 但規範商標的商標法卻有不同規定，誰先取得商標註冊登
>   記，誰就有權要求他人不得有經營項目相同的同商標商號
>   或公司，不可以再使用相同或類似的名稱。

三、結語

　　有相同的商標商號或公司，不可以再使用相同或類似的名
稱，舉例來講，過去報載高雄市有一家著名的「荣根香素食餐
館」，已有數十年歷史，但始終未辦理商標專用登記，幾年前，
台中市有一家「荣根香牛肉麵館」，一設立就辦妥商標專用權，
而且立刻控告高雄市的「荣根香」違反商標法，這件官司雖引發
商界和法界的重視，一致認為「牛肉」和「素食」根本有如「陽
關道」和「獨木橋」，各走各的；但法院審理結果，「荣根香素
食館」負責人被判刑，還要賠錢，現在也被迫改名為「荣根素食
館」。

　　由此可見，商標法是盲目的規範，它規範的主體是「商標」本身，因此只看誰先辦妥登記，便先取得註冊權；所以經常會有公司行號和太平洋電信公司一樣惹禍上身而不自知。

　　但法律規定如此，卻又無可奈何；而「太平洋電信」公司是依商業登記法之規定作業辦理公司登記，其規範的主體是公司，這本該是井水不犯河水；如今，兩者競爭局面卻造成商標法與商業登記法不再只是不相干的兩件事。因此現代商戰公關基本法第一項守則裡，公司名稱或產品名稱必須格外注意，避免引發或製造小蝦米公司來扳倒大鯨魚公司的機會。

第二節　商標規範之解說

　　近年電腦界最有名的商標商品戰首推美商英特爾的「奔騰」處理器。大約在三年前，英特爾以電腦中央處理器市場龍頭之尊，推出五八六級的 Pentium 處理器，由於不願意再以「四八六」、「五八六」區分等級，英特爾台灣分公司舉辦了非常熱鬧的中文命名活動。

　　在眾多名稱中，「奔騰」不但與英文發音類似，而且頗符合新一代處理器的高速涵義，因而中選，正當英特爾砸下大錢開始準備「奔騰」之際，台北市光華商場一家占地不到十坪但同樣名為「奔騰」的電腦專賣店跳了出來，由於這家小店早已註冊，逼得英特爾不得不停上「奔騰」，並和解賠錢息事寧人。因此，第五代英特爾中央處理器只剩英文名字，再也沒人提中文命名一事。

商標法第二十一條第一項明定商標自註冊之日起,由註冊人取得商標專用權。而商標經註冊後,註冊人即享有該商標專用之權利,排除他人之註冊,並進而請求國家處罰侵犯者及判令賠償的一種法律地位,而商標專用權註冊一次享有十年的專用權,期滿可以延展,每次亦同樣為十年,而延展必須實際使用於商品,延展註冊前三年必須使用該商標,以及沒有商標法第三十七條第一項第一款妨害國家、社會秩序者。凡此都是企業公關必須加以注意的對外公關。

一、一般侵害商標專用權之處刑規範解說

1. 一般使用相同於他人註冊商標、圖樣而製造仿冒品,核係犯商標法第六十二條第一款之罪,而其販賣之低度行為為使用、製造之高度行為所吸收,不另論罪。

2. 若國內仿製而標示歐美原產國者,則係犯刑法第二百五十五條第一項之罪,其於仿冒品上標貼紙(仿單)之準私文書上虛載「歐美□□原裝進口」,表示該產品為該公司製造進口之意,已有一定之意思表示,且足以生損害於商標權人,即屬刑法第二百二十條、第二百十條之偽造準私文書,其為販賣而交付行使,核係犯刑法第二百十六條、第二百二十條、第二百十條之行使偽造準私文書罪。

3. 其利用不知情之廠商為其製造前揭仿冒容器、標貼紙(原料除外),為間接正犯,另其行使偽造之進口報單、invoice,核係同犯刑法第二百十六條、第二百十條之行使

　　僞造私文書罪，其所爲上開之多次犯行，時間緊接，構成
　　要件復均相同，顯均係基於概括犯意而爲之，均爲連續犯，
　　均以一罪論，並依法加重其刑。
　4.上開三罪間，有方法結果之牽連犯關係，應從一重論以一
　　連續行使僞造私文書罪。

二、現行商標法規之適用

　1.商標法及其施行細則。
　2.商標規費收費準則。
　3.商標使用之注意事項。
　4.商標審查員提請評定商標註冊無效作業要點。
　5.審定核駁理由先行通知實施要點。
　6.商標鑑定案件作業程序。
　7.商標法利害關係人認定要點。

第七章　專　利

　　邇近台灣遭受亞太金融風暴影響，企業全面緊縮成本的結果，智慧財產權相關之人事費用便首當其衝。

　　然而當企業進行人事減肥之際，更應加強智慧財產權「質」的提升，尤其對於關鍵性尖端技術更應作好專利申請的保護，如果因為礙於經費上的限制，亦應考量技術本身的性質，選擇公開技術（專利）或不申請（以營業秘密保護的方式；參第九章之法律規範）為抉擇的考量點。

　　後者雖然免除規費、維護費的成本，但卻須配合縝密的保密措施，否則一旦機密性喪失則全盤功虧一簣，而公開技術的作法，雖然可以避免競爭對手搶先申請專利，甚至反過來追索權利金，但公開技術亦可能同時提升競爭對手的技術實力；此外，決策者尚可從技術市場的發展、區域性、智財權的品質良劣等作出專利限量申請的保護策略。

　　影響資訊業的未來發展的問題有二：一為亞州金融風暴對全球電子產業所產生的一定程度的影響；二為低價電腦使電子產業產生關鍵性的變化。

　　所以為因應市場趨勢的變化過快，基本上預估公司本身結構如果越完整、越彈性化、越國際化的公司型態，則其市場占有率越高；下一個世紀將形成「強者恆強，弱者淘汰」的時代趨勢，

同時創新導向才能面對市場的競爭與淘汰。

　　而產業發展絕不能撇開日本不談，因為日本研發之能力乃是能將創意化為事實的能力，一九九七年日本研發費是一千五百三十億美元，僅次於美國之一千七百一十億美元；但日本研發費占國民總生產額的2.9%，居世界之冠，且美國專利保有件數前十的公司中，就有八家是日本企業，這點業界不得不加以注意與考量。

　　當然在專利侵權的官司中如何置身事外，並能因此而獲得利益，則可以CD-R可錄一次光碟片的專利授權案來說明。此項技術來自飛利浦的專利金，也因為專利權利金的支付而導致生產此類商品的公司被控侵權；然而其中之中環電子卻穩如泰山並置身事外，因為它早就與往來廠商簽定技術授權合約，而此時發生權利金問題，便成為該公司生產利潤上的利多，此種企業智慧財產權的正確法律公關觀念，將使得企業體更加健全，如再搭配研發，則其競爭優勢將會在同業中爆發更為強勁且具優勢的地位。

　　而且一般專利被告並不能從告訴人之存證信函中，獲得侵害告訴人專利權之認識，甚為顯然。且即使以專業鑑定之角度來觀察，被告人之行為是否會構成對告訴人專利權之侵害，其行為與專利鑑定原則中「全要件原則」（將專利權之申請專利範圍其所有構成要件，與被告對象之所有構成要件，兩者逐一比對，若被告對象具有申請專利的每一個構成要件，且其技術內容相同，侵害才成立之原則。亦即即使是少了一個構成要件，基本上應認為沒有侵害）是否相符，亦非無爭論之餘地。

　　當然真正的公關與法律的結合，絕不會單純的將危機視為危機，在飛利浦控告巨擎科技違約案，巨擎便提出飛利浦為外國公

司應先提供訴訟費用擔保金的請求，因此法院裁定飛利浦應先提供後再行辯論，因此這項爭戰一開始便有先挫其銳氣的兵法上考量。另外值得注意的是，我國專利法為因應加入世界貿易組織，已加入前瞻性的微生物寄存相關條文，新菌種的生化科技保存，將會使原料藥獲得完善的保護，此點在生化科技研發上必須列入科技公關評估的項目中加以考量。

第一節　專利相關生物科技案例

　　我國第一件生物科技專利法訴訟案件近日宣判，桁陞行負責人劉永詳被控製造檢驗是否吸食安非他命的檢試劑，而侵害美商普司通生物醫藥技術公司（PMB）專利，經士林法院、高等法院認定劉永詳沒有實際製造行為，所以並未侵害美商普司通專利，因此依法判處無罪確定。

　　美商普司通台灣總代理長青公司負責人張宏才指出，美商普司通對判決結果表示遺憾，將再提出上訴。被告劉永詳則表示法院的無罪判決是遲來的正義，不僅歸還桁陞行的清白，更是台灣生物科技界的一大勝利。

　　美商普司通研發「免疫測定裝置及物件」（俗稱檢試劑或檢驗盤），受測者將尿液滴入檢試劑的內蕊試紙，即可獲知是否吸食安非他命；而美商普司通八十二年在台獲得專利後，認為市面出現大量仿冒品侵害其發明專利，而將被告起訴；經法官林俊益初審調查長達一年五個月，而判處劉永詳無罪的主要理由：

1. 在於「內部結構相同，不一定構成專利侵害」，劉永詳銷售檢試劑的內蕊試紙內部結構的確與美國普司通的專利相同，但是，內部結構相同並不等於侵害專利。況且美商普司通也承認劉永詳的內蕊試紙是從美國進口，換言之，劉永詳並無直接製造內蕊試紙的行為，只是單純從美國進口而已。

2. 劉永詳進口內蕊試紙後，切割、組裝與包裝，都是構成要件之外的行為，與內蕊試紙本身無關，而美商普司通的專利範圍，卻是內蕊試紙的內部結構，劉永詳的行為，明顯與「製造侵害發明專利罪」的構成要件不符。

3. 至於銷售檢試劑部分，既然沒有證據證明劉永詳販賣的檢試劑侵害美商普司通的專利，因此其販賣行為自然不違法，因此判處無罪。

接下來我們來看看雙方的主張，原告張宏才主張：

1. 美商普司通被桁陞行等廠商利用低價策略圍攻，目前僅剩5%的市場，每年損失一億元，美商普司通迄今花費二千三百萬元的訴訟費，依舊堅持控訴，「因為美商普司通確實擁有專利」，美商普司通從未提出刑事附帶民事訴訟，原因在於美商普司通不是要錢，而是希望國內廠商建立尊重智慧財產權的觀念；因而美商普司通聘請龐大的台美律師團，將深入研析我國專利法的規定，並且認為我國專利法有許多缺失，違背憲法保障人民訴訟權的意旨。

2. 依據專利法第一百三十一條為例，專利權人必須檢附「侵

害鑑定報告」，但是，行政院與司法院協調指定的六十五家侵害鑑定專業機構，都不大願意爲美商普司通作鑑定，他說，可能因爲美商普司通是外商公司，在台尙未設廠，鑑定機構擔憂將來研究經費無著，或是鑑定程序繁複瑣碎，而專利權人若未檢附侵害鑑定報告，法官可以直接判處論知不受理。如果專利法不適度修正，美商普司通找不到鑑定機構協助，豈非永遠無法提出告訴。

3. 原告美商普司通認爲是否贏得訴訟，倒還是其次，而國內安非他命檢試劑的標準不一，才是迫在眉睫的問題，仿冒品充斥市面，每一種檢試劑的精確度不一，極有可能造成冤獄，劣質檢試劑甚至可能「幫助」嫌犯，逃脫法律制裁，因此希望政府予以正視，律定各項檢試劑標準，讓合法廠商擁有公平交易的市場。

被告劉永祥主張：

1. 等候法官說出「無罪」二字，足足盼了二年，劉永詳認爲，被美商普司通控告違反專利法因而造成的損失無法估算，「錢，可以再賺，被抹黑的商譽，不知如何彌補，而這也正是今日許多司法受害者的悲哀！」

2. 其次認爲美商普司通的行銷策略非常高明，訴訟尙未判決，無論結果如何，安非他命檢試劑市場已經被美商普司通「統一」，而美商普司通一再興訟，間接促成我國生物科技界大團結，不分彼此，一致對外，這也是美商普司通始料未及，所以也是這起訴訟案唯一的收穫。

　　中央標準局表示，針對美商普司通專利糾紛事件，由於目前專利法對於專利檢驗機構所發的鑑定報告，在專利訴訟時的法律認定上有缺失，標準局未來將修改專利法，使廠商在舉證時能居於較公平的地位，標準局表示，由於目前一旦廠商發生專利訴訟，根據專利法的規定，訴訟雙方均可以提出鑑定報告，但根據八十六年最高法院的判例卻指出，專利鑑定報告只有最高法院所指定的六十幾家檢驗機構具備發表資格，因此廠商往往在很短期限內就必須作好「指定作業」，對於被告而言尤其不公平。

　　以此次美商普司通案為例，即由於專利法對於專利訴訟的多項告訴要件傾向於寬鬆原則，導致國外廠商對於我國守法廠商形成「濫告」，因此標準局未來將修改專利法，明白規定只要是具備專業地位、具有公信力的第三者或檢驗機構，即可依廠商要求從事鑑定作業，使原告、被告雙方均有公平的申訴機會。

　　我國現行專利法有一個大漏洞，八十三年一月二十三日修正第一百三十一條規定專利權人提出告訴時，一定要檢附「侵害鑑定報告」，而這份報告必須出自行政院與司法院協調指定的六十五家侵害鑑定專業機構（最高法院有判決認定）。

　　然而，行政院與司法院卻在八十四年七月十五日，才圈選台灣大學等六十五家侵害鑑定專業機構，八十三年一月二十三日至八十四年七月十五日，出現一年六個月的「空窗期」。雖然美商普司通並非在「空窗期」提出訴訟，士林地院法官林俊益仍然不採用最高法院的見解，而認為基層實務的通說較切合現實狀況，一言以蔽之，六十五家侵害鑑定專業機構是「僅供參考」，專利權人可以自行尋找其他機構進行鑑定。

　　若非如此，美商普司通將被認定程序不合法，被判諭知不受理。其次，美商普司通提出中央標準局的「鑑定意見函」，是否合乎專利法規定的「侵害鑑定報告」。法官認定中央標準局「鑑定意見函」並不符合「侵害鑑定報告」的形式要件，「鑑定意見函」既非「侵害鑑定報告」，告訴應該不合法，但是美商普司通在今年五月補提「台灣科技大學檢驗報告書」，法官考量訴訟經濟，認定補提「台灣科技大學檢驗報告書」尚屬合法。

　　美商普司通因此死裡逃生，而保有一線勝訴希望，至於安非他命檢試劑內蕊試紙的內部結構問題，士林地方法院先後函請台灣大學、陽明大學與財團法人生物技術開發中心協助，但是無人願意鑑定，只好調查劉永詳已經先行申請清華大學、食品工業發展研究所與工業技術研究所的鑑定報告，而此三家機構都認為劉永詳沒有侵害美商普司通的專利。

第二節　專利權效力及相關法規

　　專利權原則上有排除他人未經同意而製造、販賣、使用或進口該項物品，或使用專利方法及使用、販賣或進口該方法直接製成物品的權利，然而這些權利也有些例外原則，因此該如何加以運用便成為一門新科學。

一、法定專利權不及之情事：專利法第五十七條（專利權適用之例外）

㈠發明專利權之效力不及的範圍

發明專利權之效力不及於下列各款情事：

1. 為研究、教學或試驗實施其發明，而無營利行為者。

2. 申請前已在國內使用或已完成必須之準備者。但在申請前六個月內，於專利申請人處得知其製造方法，並經專利申請人聲明保留其專利權者，不在此限。

3. 申請前已存在國內之物品。

4. 僅由國境經過之交通工具或其裝置。

5. 非專利申請權人所得專利權，以專利權人舉發而撤銷時，其被授權人在舉發前以善意在國內使用或已完成必須之準備者。

6. 專利權人所製造或經其同意製造之專利物品販賣後，使用或再販賣該物品者。上述製造、販賣不以國內為限。
   前項第二款及第五款之使用人，限於在其原有事業內繼續利用；第六款得為販賣之區域，由法院依事實認定之。第一項第五款之被授權人，因該專利權經舉發而撤銷之後，仍實施時，於收到專利權人書面通知之日起，應支付專利權人合理之權利金。

7. 混合兩種以上醫藥品而製造之醫藥品或方法，其專利權效

力不及於醫師之處方或依處方調劑之醫藥品。

㈡專利權的實施

專利實施權包括法定及特許兩類，而法定實施包括：

1. 一方出資聘請他人從事研究開發者，其專利申請權及專利權之歸屬依雙方契約約定，契約未訂定者，屬於發明人或創作人。但出資人得實施其發明、新型或新式權。（專利法第七條第三項）
2. 受雇人於非職務上所完成之發明、新型或新式樣，其專利申請權及專利權屬於受雇人。但其發明、新型或新式樣係利用雇用人資源或經驗者，雇用人得於支付合理報酬後，於該事業實施其發明、新型或新式樣。（專利法第八條第一項）

至於特許實施則包括：

1. 為因應國家緊急情況或增進公益之非營利使用。
2. 或申請人曾以合理之商業條件在相當期間內仍不能協議授權時，專利專責機關得依申請，特許該申請人實施專利權；其實施應以供應國內市場需要為主。但就半導體技術專利申請特許實施者，以增進公益之非營利使用為限。
3. 專利權人有不公平競爭之情事經法院判決或行政院公平交易委員會處分確定者，雖無前項之情形，專利專責機關亦得依申請，特許該申請人實施專利權。

4. 製造方法專利權人依其製造方法製成之物品為他人專利
   者，未經該他人同意，不得實施其發明；但再發明專利權
   人與原發明專利權人或製造方法專利權人與物品專利權
   人，得協議交互授權實施。

前項協議不成時，再發明專利權人與原發明專利權人或製造
方法專利權人與物品專利權人得依第七十八條申請特許實施。但
再發明或製造方法發明所表現之技術，須較原發明或物品發明具
相當經濟意義之重要技術改良者，再發明或製造方法專利權人始
得申請特許實施。

二、大陸地區人民在台申請專利及商標註冊作業要點

中華民國八十三年五月十八日經濟部令發布：

1. 為處理大陸地區人民在台灣地區申請專利、註冊商標及相
   關作業，基於對等互惠原則，特訂定本要點。
2. 大陸地區人民依專利法、商標法及其相關法令規定申請註
   冊並取得專利權、商標專用權者，始受保護。
3. 大陸地區申請人申請專利、註冊商標及辦理有關事項，應
   委任在專利商標主管機關（以下簡稱主管機關）登記有案
   之專利代理人或商標代理人辦理。
4. 應送達大陸地區申請人之文書，得向其委任之專利代理人
   或商標代理人行之。
5. 大陸地區申請人應具備之申請文件，不得使用簡體字。前

項申請文件，應註明「大陸地區」或省份名稱。

6. 大陸地區申請人所檢送之資格證明或其他文件使用簡體字者，主管機關得要求申請人檢附正體字中文本。

7. 大陸地區申請人為自然人者，應檢附證明身分文件之影本；為法人者，應檢附法人登記證照之影本。

前項文件及且下列文件資料經行政院指定之機構或委託之民間團體驗證者，推定為真正；委託書、涉及權利義務關係之證明文件。

有關異議、舉發、評定之證據經主管機關認有必要者。

8. 大陸地區申請人或發明人申請不公開其在大陸之地址者，應於申請書載明其事由，主管機關於審定公告時，始不予公開。

三、現行專利法規之適用

1. 專利法。
2. 專利法施行細則。
3. 專利權期間延長核定辦法。
4. 發明創作獎助辦法。
5. 專利規費收費準則。
6. 專利年費減免辦法。
7. 積體電路電路布局保護法。
8. 積體電路電路布局保護法施行細則。
9. 積體電路電路布局規費收費準則。

10.積體電路電路布局登記申請文件暨補正事項管理作業要
　　點。

第八章　著　作

　　廣告近似性的抄襲及引用，有時候必須要特別小心是否侵害著作權的法律規範，否則一旦觸法將會直接面臨刑期的問題，這點在廣告公關上必須要能夠體認其中的一些關鍵因素；而依著作權法第十條之一規定著作權法所保護的是，依本法取得之著作權，其保護僅及於該著作之表達（亦即將腦海中的想法必須落實於外界之各類文書），而不及於其所單純表達之思想、程序、製程、系統、操作方法、概念、原理、發現；而且必須具備原創性（originality），依著作權法第三條第一項來看是指屬於文學、科學、藝術或其他學術範圍之首次創作而言。

第一節　舉證克服與修法重點

一、舉證之克服

　　我國著作權法於八十七年一月二十三日公布實施取消自願登記之相關登記業務，嗣後任何人欲主張著作權者，則必須自行負舉證之責，所以為避免舉證上的困難，建議透過以下方式來加以克服：

1. 逕赴美、日、歐聯著作權局辦理登記。
2. 向國家圖書館辦理國際書碼等著作物登物（限語文著作）。
3. 透過將著作物原件寄存證信函給著作（權）人以為存證證明之用。
4. 將著作物原件辦理認證（可配合工作紀錄簿）。
5. 將電腦程式著作辦理出口檢測相關登記。
6. 其他公立著作協會的替代性登記機制等等。

透過以上一些自我防護方式來加以落實保護公司辛苦建立的著作物之權利。

二、修法重點

新修正後一些重要問題摘錄自著委會之說明及筆者整理之資料如次：

1. 新法第三條第一項定義九及第二十六條：對於公開演出權的內容予以擴大包括演技、舞蹈、歌唱、彈奏樂器和其他方法在內，增訂以擴音器或其他器材將原播送的聲音或影像向公眾傳達，也屬於公開演出。換句話說就是把原來廣播或電視的收聽效果放大也要徵求作者的同意。

   例如：便利商店播放廣播電台音樂網節目給顧客聽，百貨公司用電視牆播放電視劇給顧客看，都要取得著作財產權人的同意，否則就違反著作權法。

2. 新法第三條第一項定義十二也修正了發行的定義，以及第
十四條中擴大外國人著作的保護範圍。

例如：日本跟我國沒有著作權互惠關係，可是日本人在任
何地區所製作的作品（不限在台灣），只要在首次
發行後三十天內拿到台澎金馬地區來散布，就可以
依首次發行原則取得著作權保護，所以很多在日
本、台灣同步上市的日本著作，從前不受保護的，
現在都可能會取得保護，對於習慣使用日本人作品
的廣播電視業界的朋友要特別注意了。

3. 為了符合TRIPS有關表演的規定，新著作權法特別規範表
演著作及其著作權的規定，廣播電視在現場立即同步播送
的情況下，不要忘了向表演人取得授權。

4. 第五十四條規定：為便於國家考試及其他考試施行上的問
題，新法增訂依法令舉行的考試、備用試題不列入著作權
法保護。在廣播電視教學節目上講解這些考古題或題庫，
是不需要事先取得同意的。

5. 公司與職員間，以及請別人完成著作的著作權歸屬問題，
從八十一年舊法施行以來，一直是很困擾大家的問題，新
法第十一條為了解決這些困擾，也作了調整，凡是公司職
員完成的著作，原則上公司有著作財產權，職員則有姓名
表示權及禁止不當改變權這兩種著作人格權。

第十二條規定：出錢請別人依承攬關係完成的著作，著作
財產權歸誰，由雙方自行約定，如果出資人未經約定取得
著作財產權，仍然可以利用著作，不需要另外徵得受聘的

著作權人的同意。

對廣播電視業來說，製作節目的時候可不必再像以往一樣去簽訂一些約定著作人的合約，或讓與著作財產權的合約來保護自己。至於怎麼作是對自己有利的，請依照新法第十一條、第十二條各種規定去作選擇。

6. 為了某種使用效果，而把彩色影片作成黑白的處理，都屬造成違反著作權法，這是很不合理的，因此修正後把同一性保持權改為「禁止不當改變權」，利用著作時所作改變要在著作人的名譽受損的情況下，著作人才有權禁止。

7. 第二十七條規定：美術作品及攝影作品的公開展示權客體，改成未發行的原件及重製物，舊法則只限於原件享有，修正的結果將使得電視影片拍攝的時候，如果用未發行的美術作品或攝影作品重製物在現場作背景的話，要注意會不會違反著作權法。

8. 廣播電視經由著作人同意播送著作時，可以用自己的設備錄音、錄影，以備播出，不需要另外再徵求著作財產權人的同意，但不論未來是否播出，錄製物必須在錄音或錄影後一年內銷毀。

9. 社區共同天線及有線電視之系統經營者，在不變更無線電視節目的形式或內容的情況下，同步轉播無線電視台的節目，無須徵求著作財產權人同意。

10. 新法除了列舉各種情況的合理使用的規定外，還在第六十五條就合理使用他人之著作增訂了概括性的規定，也就是說其他符合合理使用性質的利用行為，都可以主張合理使

用,不須徵得著作財產權人的同意。

另外爲了加入WTO,必須符合伯恩公約,對原不受外國人保護的著作,給予回溯五十年的保護,也就是說從加入WTO那天起往前算五十年內完成的作品,都可依照著作權法取得著作權,而給予保護。

同時爲了要讓本國人也有相同的待遇,而不是獨獨優待外國人,所以新法特別規定,一旦加入WTO,對於本國人及外國人著作的保護,都溯及既往五十年給予保護,但溯及既往的部分,不包含已經成爲公共財產的部分,也就是以前曾經取得保護的著作,著作權保護期間已經屆滿成爲公共財產,就不能再回溯取得保護了。

由於回溯保護會讓很多原來沒有著作權的老歌、老電影片、老照片取得著作權,對廣播電視業者的影響相當大,所以著作權法也特別規定了過渡條款,在回溯保護之前,已著手預備利用、還沒有利用或已經爲了利用作重大投資,可在著作取得保護的兩年內繼續利用,不會發生違反著作權法的民、刑事責任問題。

第二節　案例介紹

【案例一】　全國藥品企業有限公司生產的「增高牌高登鈣」,因爲包裝盒圖案抄襲儷軒堂國際有限公司享有著作權的「增你高圖」,經儷軒堂公司訴請民事賠償,最高法院判決全國藥品公司敗訴確定,該公司及負責人楊錫登應連帶賠償新台幣五

百萬元。

【解析】　此案重要爭點即損害賠償的計算基準：

1. 全國藥品公司認為侵害美術圖案的著作權，不該以食品價格為計算損害的基準。但高院認為全國藥品公司將該圖用在所生產的「增高牌高登鈣」包裝盒上加以銷售，應以銷售商品所得作為計算損害賠償的依據。

   判決說，全國藥品公司在侵害著作權期間，委託富亨公司進口高登鈣食品三百萬粒，以每一百粒裝瓶，其自承每瓶售價為一千六百元，全部收入應為四千八百萬元，即使扣除進貨成本、廣告費、行政人事費等必要費用一千四百三十一萬餘元，仍有三千三百餘萬元的所得利益。

   依著作權法規定，被害人得請求侵害人因侵害行為「所得利益」，依高院認定，全國藥品公司至少有三千三百餘萬元的收益，而儷軒堂公司也宣稱五百萬元僅是「暫行請求」，故仍可續行求償。

   全國藥品公司不服高院判決，提起上訴，結果仍被最高法院駁回。

2. 此案刑事部分，全國藥品公司及楊錫登已被依違反著作權法判決有罪確定。

   儷軒堂公司負責人張軒銘表示，「增你高圖」是他在七十八年繪製，因儷軒堂公司以銷售健康食品為主要業務，故由公司取得美術著作的著作權，並向內政部登記為著作權人，楊錫登雖辯稱「高登鈣」包裝盒上的「儷人圖」是他

在六十八年間創作完成，但不被法院採信。

判決指出，楊錫登無法證明「儷人圖」比儷軒堂的「增你高圖」更早完成，而兩幅畫作的造型、動作、增高特徵幾近相同，且違反著作權法部分，高院刑事庭已經判處全國藥品公司罰金、楊錫登徒刑確定，儷軒堂主張全國藥品公司與楊錫登共同侵害其著作權，堪信為事實。該項判決中，全國藥品公司及楊錫登除應賠償五百萬元外，並須將刑事確定判決全文登在報紙頭版三天。

【案例二】 文學名著《老人與海》、《小王子》所引發的中英文對照版著作權官司。敦煌書局出資發行之前開著作物，在坊間查獲九儀出版社所出版譯文內容相同，甚至連標點符號均同，認為顯然直接抄襲，而依法提起自訴。

【解析】

1.敦煌書局因無法直接證明本身為直接受害人，只是間接受害人，因此依法不得提出自訴，故被台北地院判決自訴不受理。（蓋所謂直接受害人，在此係指衍生著作「利用已存在的著作予以改作，賦予原創性所產生的二次著作，且不侵害原著作權人權益才受保護」的著作人，通常必須在書本上標示出「譯者姓名」或「中文版著作財產權人名字」，但敦煌的這兩本書均無此字樣外，僅有「譯稿潤校」字樣，故無法推定為著作人或著作財產權人）。

2.該著作之原著作人聖‧修伯理在二次大戰一次飛行任務中失蹤，依我國七十四年公布施行的著作權法，著作權期間

至著作人死後三十年屆滿，因此該原文版最遲在六十四年間屆滿，該著作物已為公共所有；且在民國八十一年著作權法修正前，外國人著作係採註冊保護主義，亦即需完成註冊才受我國著作權法保護，特別在此提出供注意。

【案例三】　協和育樂股份有限公司所提出授權書及其譯文，乃美商環球及派拉蒙影片公司所為著作財產權之專屬授權證書。其內容係證明環球影片公司及派拉蒙影片公司授權協和育樂股份有限公司為其在中華民國台灣地區之獨家錄影帶及影碟代理商；授予協和育樂股份有限公司獨家權利，包括重製、銷售、出租錄影節目帶、雷射影碟、影音光碟及經銷此類影碟以供家庭觀賞。當協和公司按上述合約授予之權利受第三者侵害時，可以自身名義依法提出民、刑事訴訟。此有各該授權書及其中文譯本可考。

【解析】　著作財產權之授權利用，有專屬授權與非專屬授權之分。

1.非專屬授權，著作財產權得授權多人，不受限制。
2.專屬授權，則係獨占之許諾，著作財產權人不得再就同一內容更授權第三人。

協和育樂股份有限公司（下稱協和公司）所提美商派拉蒙影片公司（下稱派拉蒙公司）及環球影片公司（下稱環球公司）之授權證明書，載明該等公司已授權協和公司在中華民國台灣地區（包含金門與馬祖）獨家代理該等公司著作之錄影帶及影碟重

製、銷售及出租，派拉蒙公司及環球公司授權期間均自民國八十六年一月一日至八十七年十二月三十一日，顯見協和公司已取得美商派拉蒙公司及環球公司之專屬授權利用。

而重製、銷售及出租均爲發行之態樣，參諸民法第五百十六條第一項規定：「著作權人之權利，於契約實行之必要範圍內，移轉於出版人」及司法院二十六年院字第一六四八號解釋：「民法第五百十六條所指著作人之權利，其對於侵害人提起訴訟之權，應解爲係在其必要範圍內。又著作權法（舊）第二十三條所稱權利人，亦包括享有出版權之出版人在內，無論契約就此有無訂定，出版人均得對於侵害人提起訴訟」之旨意，苟被專屬授權人欠缺告訴權，則法律對被專屬授權人之保護將形同具文。

是第三人如侵害著作權人授予被專屬授權人之權利，被專屬授權人即爲直接被害人，自得依法提起告訴或自訴。不過此一判決將成爲過往雲煙，因爲新著作權法及民法出版之規定都已作修正。

【案例四】　國小校長撕毀教學手冊，涉違反著作權。台北縣雲海國小蔡校長，在未經作者同意的情況下，將大批由教育部專案補助完成的教育手冊部分內容撕毀，再將書交給其他學校。引發這場糾紛的是《雲海田野教室戶外教學手冊》「昆蟲篇」第八頁至第十一頁部分，校長認爲范、張兩位作者所著內容多處與現況不符而將該部分撕毀，經作者發現後認爲作品遭惡意破壞，已失去完整的風貌，而訴請檢察官偵辦。

【解析】　本案中該著作究竟是屬於教育部或雲海國小，依

著作權法之規定：

1. 受雇人於職務上完成之著作，以該受雇人爲著作人。但契
   約約定以雇用人爲著作人者，從其約定。
   依前項規定，以受雇人爲著作人者，其著作財產權歸雇用
   人享有。但契約約定其著作財產權歸受雇人享有者，從其
   約定。
   前兩項之受雇人，包括公務員。（著作權法十一條）
2. 出資聘請他人完成之著作，除前條情形外，以該受聘人爲
   著作人。但契約約定以出資人爲著作人者，從其約定。
   依前項規定，以受聘人爲著作人者，其著作財產權依契約
   約定歸受聘人或出資人享有。
   未約定著作財產權之歸屬者，其著作財產權歸受聘人享
   有。
   依前項規定著作財產權歸受聘人享有者，出資人得利用該
   著作。（著作權法十二條）
   同時著作權法第十七條規定著作人享有禁止他人以歪曲、
   割裂、竄改或其他方法改變其著作物之內容、形式及名目
   致損害其名譽之權利。（著作權法十七條）否則將依以下
   規定處理：
   ⑴同法第九十三條處二年以下有期徒刑，得併科新台幣十
   　萬元以下罰金外。
   ⑵同法第九十九條，因被害人或其他有告訴權人之聲請，
   　得令將判決書全部或一部登報，其費用由被告負擔。

(3)本罪依同法第一百條須告訴乃論。

　　透過以上的一連串案例，不知道您可曾發覺其中的公關因素呢？其實眞正的公關是無所不在，不論文化業、電影事業，許多的行業都必須明白公關與法律是兩個不可分的企業柱石，唯有鞏固此兩大企業的基礎文化特質，才能眞正發揮企業的社會功能及獲取其應得的利潤，而無任何後顧之憂。

　　當然關於著作權法之損害賠償規定依八十八條亦需加以確實了解計算方式：

1. 依民法第二百十六條之規定以塡補所受損害及所失利益爲請求標準。但被害人不能證明其損害時，得以其行使權利依通常情形可得預期之利益，減除被侵害後行使同一權利所得利益之差額，爲其所受損害。

2. 請求侵害人因侵害行爲所得之利益。但侵害人不能證明其成本或必要費用時，以其侵害行爲所得之全部收入，爲其所得利益。

3. 倘無法依前開方式舉證其實際所受損害額，則得請求法院依其侵害情節在新台幣一萬元以上五十萬元以下酌定賠償額；如損害行爲屬故意或情節重大者，賠償額得增至一百萬元。

附錄　現行著作法規

1. 著作權法。

2. 著作權法施行細則。

3. 著作權爭議調解辦法。

4. 著作權法第五條第一項各款著作內容例示。

5. 著作權法第八十七條之一第一項第二款及公益活動使用報酬率準則。

6. 翻譯權強制授權申請許可辦法。

7. 音樂著作強制授權申請許可辦法。

8. 北美事務協調委員會與美國在台協會著作。

9. 內政部著作權審議及調解委員會組織規程。

10. 受保護之外國人著作。

第九章　營業之秘密

　　營業秘密之保護已成為世界之趨勢，而我國亦制定了民事救濟之營業秘密法以茲適用，而在較早頒布之公平交易法，於第十九條及第三十六條亦有有關營業秘密之侵害救濟；然而公平交易法之罰則，又僅適用於事業之單位，且已經主管機關命令停止而不停止作為其發動要件，而公平交易法及營業祕密法所加諸之規範，旨重在經濟整體秩序之維護，故欲用此加以規範營業秘密之犯罪行為，似仍嫌不足。

第一節　營業秘密

　　所謂企業之營業秘密是指公司有關方法、技術、製程、配方、程式、設計或其他可用於生產、銷售或經營之資訊的研發成果；雖然並無形式上的規費付出，但實質上的保密措施成本往往較高。

　　尤其是今日想作到面面俱到的嚴謹保密措施，其管理成本勢必隨繁複的機制而激增。

　　因此在建立保護營業秘密上，可援引永慶房屋的案例，亦即擬訂公司與員工間詳細的勞動僱傭契約，明訂「員工受僱期間所創作、開發、收集、取得、知悉的營業秘密，均應採取必要措施

加以維護，除非事先徵得公司書面同意，否則皆不得洩漏、告知、交付、拷貝或交予第三人，或對外發表，利用該營業秘密，若有違反，則約定以該員工最近一年薪資總額的兩倍作爲懲罰性違約金」，將可建立內部員工與公司間公關的機制。

而營業秘密的侵害包括以下幾項：

1. 以竊盜、詐欺、脅迫、賄賂、擅自重製、違反保密義務、引誘他人違反其保密義務或其他類似方法，取得營業秘密者。
2. 知悉或因重大過失而不知其爲前款之營業秘密，而取得、使用或洩漏者。
3. 取得營業秘密後，知悉或因重大過失而不知其爲第一款之營業秘密，而使用或洩漏者。
4. 因法律行爲取得營業秘密，而以竊盜、詐欺、脅迫、賄賂、擅自重製、違反保密義務、引誘他人違反其保密義務或其他類似方法使用或洩漏者。
5. 依法令有守營業秘密之義務，而使用或洩漏者。

另外對於出資或聘僱員工所研究或開發之權利歸屬，亦應加以釐清：

1. 受僱人於職務上研究或開發之營業秘密，歸僱用人所有；但契約另有約定者，從其約定。
2. 受僱人於非職務上研究或開發之營業秘密，歸受僱人所有；但其營業秘密係利用僱用人之資源或經驗者，僱用人

得於支付合理報酬後，於該事業使用其營業秘密。

3.出資聘請他人從事研究或開發之營業秘密，其營業秘密之歸屬依契約之約定；契約未約定者，歸受聘人所有。但出資人得於業務上使用其營業秘密。

第二節　工商秘密

所謂工商秘密，係指工業或商業上之發明或經營計畫具有不公開之性質者屬之，認其有非一般涉及該類資訊之人所知、因其秘密性而具有實際或潛在之經濟價值，及所有人已採取合理之保密措施等情事，而係屬刑法第三百十七條上妨害秘密罪規定之工商秘密。

至於公司之營運計畫，包括機器之型號、價格之競爭，雖知之甚稔，其為取得訂單機會，削價以求，應否構成洩露業務上知悉之工商秘密罪，必須查證事實上廠商是否有允諾公司為任何業務或授予在台唯一法定經營權而定，所以單純居中為其他公司訂購設備，尚無妨害工商秘密之問題，所以針對營業秘密侵害類型中最嚴重的局外第三人之產業間諜之刺探或竊取必須加以注意。

要想建立一種快速、便宜的保密機制，企業不妨考量針對特定之重點性文件而為；亦即將重要的研發計畫、會計報表、客戶名單等屬較機密性之資料，利用會議附件的方式，列為機密限閱文件，並配合會議的進行，宣示該文件的機密等級與保存措施，同時結合會議流程管制之簽到表、會議紀錄保存來加以規範；另外設立機密等級及接觸的權限，並進行監視及加密雙重偵測制

度，如此才能輕鬆對相關具有價值或機密等級的物件，達到全程監控管制的保護要件。

例如多層次傳銷（簡稱直銷）公司之制度獎勵辦法，一經公布即非秘密；直銷公司與原來之製造工廠，其經營方式不同，直銷公司將其製造之產品，不經過批發商或零售之商店，而直接銷售於消費者，其方法即先招募直銷商，以一傳十、十傳百之方式推銷產品，故謂之多層次傳銷，而將原來之批發商、零售商所應得之利潤，分配與直銷商，此分配方法謂之制度及獎勵辦法。於是此項制度、獎勵辦法爲直銷公司唯一標榜之推銷方法，因此直銷公司每每設置很多處所定期或不定期開說明會，發出此項資料迅速宣傳，廣告其制度、獎勵辦法，招徠生意，所以召開說明會時必定會散發此項制度、獎勵辦法之資料，乃屬一定之成規，此項資料一經發表，即無秘密可言（參八十五年上易字第四六二號）。

而且此類直銷生意在同一縣市、同一種類商品其重複率必高，按一般重複率爲25%（參見公平交易會統計資料），而此亦爲從事直銷業者必須了解的競爭危機，而必須作好風險管控之規劃。

當然亦可從「角色行爲」（role performance）和「角色期望」（role expectations）中去區分保密的責任該如何劃分，同時透過「量」和「質」的雙重途徑；一方面蒐集、記錄個人各種精確資料，作爲統計歸納的基本素材，另一方面，也同時致力於觀察對象內心的價值觀念，以便尋求正確的保密應有的詮釋資料。

　　而且倘若係爲公司處理事務之人，意圖爲自己不法之利益，在執行職務中取得工商機密、零件，而爲違背其任務之行爲，私行製造相同機器競爭，已致生損害於公司之利益，雖正待生產時即被警方查獲，然已遂行其背信行爲，且公司之利益亦已受有損害，核其所爲，係犯刑法第三百四十二條第一項之背信罪。且參與中人若非公司之職員，而係公司國外之總經理，本不爲本公司處理上開事務之人，但因其與爲本公司處理事務之職員，有犯意聯絡及行爲分擔，應依刑法第三十一條第一項之規定，以共犯論（參八十六年上易字第二四三七號）。

附錄　營業秘密法

第一條　　爲保障營業秘密、維護產業倫理與競爭秩序、調和社會公共利益，特制定本法。本法未規定者，適用其他法律之規定。

第二條　　本法所稱營業秘密，係指方法、技術、製程、配方、程式、設計或其他可用於生產、銷售或經營之資訊，而符合下列要件者：

　　　　　一、非一般涉及該類資訊之人所知者。

　　　　　二、因其秘密性而具有實際或潛在之經濟價值者。

　　　　　三、所有人已採取合理之保密措施者。

第三條　　受雇人於職務上研究或開發之營業秘密，歸雇用人所有。但契約另有約定者，從其約定。

　　　　　受雇人於非職務上研究或開發之營業秘密，歸受雇人

所有；但其營業秘密係利用雇用人之資源或經驗者，雇用人得於支付合理報酬後，於該事業使用其營業秘密。

第四條　出資聘請他人從事研究或開發之營業秘密，其營業秘密之歸屬依契約之約定；契約未約定者，歸受聘人所有。但出資人得於業務上使用其營業秘密。

第五條　數人共同研究或開發之營業秘密，其應有部分依契約之約定，無約定者，推定爲均等。

第六條　營業秘密得全部或部分讓與他人或與他人共有。營業秘密爲共有時，對營業秘密之使用或處分，如契約未有約定者，應得共有人之全體同意。但各共有人無正當理由，不得拒絕同意。

各共有人非經其他共有人之同意，不得以其應有部分讓與他人。但契約另有約定者，從其約定。

第七條　營業秘密所有人得授權他人使用其營業秘密。其授權使用之地域、時間、內容、使用方法或其他事項，依當事人之約定。

前項被授權人非經營業秘密所有人同意，不得將其被授權使用之營業秘密再授權第三人使用。營業秘密共有人非經共有人全體同意，不得授權他人使用該營業秘密。但各共有人無正當理由，不得拒絕同意。

第八條　營業秘密不得爲質權及強制執行之標的。

第九條　公務員因承辦公務而知悉他人之營業秘密者，不得使用或無故洩漏之。

當事人、代理人、辯護人、鑑定人、證人及其他相關
之人，因司法機關偵查或審理而知悉或持有他人營業
秘密者，不得使用或無故洩漏之。仲裁人及其他相關
之人處理仲裁事件，準用前項之規定。

第十條　　有下列情形之一者，為侵害營業秘密：

一、以不正當方法取得營業秘密者。

二、知悉或因重大過失而不知其為前款之營業秘密，
　　而取得、使用或洩漏者。

三、取得營業秘密後，知悉或因重大過失而不知其為
　　第一款之營業秘密，而使用或洩漏者。

四、因法律行為取得營業秘密，而以不正當方法使用
　　或洩漏者。

五、依法令有守營業秘密之義務，而使用或洩漏者。

前項所稱之不正當方法，係指竊盜、詐欺、脅迫、賄
賂、擅自重製、違反保密義務、引誘他人違反其保密
義務或其他類似方法。

第十一條　營業秘密受侵害時，被害人得請求排除之，有侵害之
虞者，得請求防止之。

被害人為前項請求時，對於侵害行為作成之物或專供
侵害所用之物，得請求銷毀或為其他必要之處置。

第十二條　因故意或過失不法侵害他人之營業秘密者，負損害賠
償責任。數人共同不法侵害者，連帶負賠償責任。

前項之損害賠償請求權，自請求權人知有行為及賠償
義務人時起，二年間不行使而消滅，自行為時起，逾

十年者亦同。

第十三條　依前條請求損害賠償時，被害人得依下列各款規定擇一請求：

一、依民法第二百十六條之規定請求。但被害人不能證明其損害時，得以其使用時依通常情形可得預期之利益，減除被侵害後使用同一營業秘密所得利益之差額，爲其所受損害。

二、請求侵害人因侵害行爲所得之利益。但侵害人不能證明其成本或必要費用時，以其侵害行爲所得之全部收入，爲其所得利益。

依前項規定，侵害行爲如屬故意，法院得因被害人之請求，依侵害情節，酌定損害額以上之賠償。但不得超過已證明損害額之三倍。

第十四條　法院爲審理營業秘密訴訟案件，得設立專業法庭或指定專人辦理。

當事人提出之攻擊或防禦方法涉及營業秘密，經當事人聲請，法院認爲適當者，得不公開審判或限制閱覽訴訟資料。

第十五條　外國人所屬之國家與中華民國如無相互保護營業秘密之條約或協定，或依其本國法令對中華民國國民之營業秘密不予保護者，其營業秘密得不予保護。

第十六條　本法自公布日施行。

第十章　謬誤認知之弊

　　一般人對法律的認知謬誤，往往會進而破壞整體公司形象，而此時企業公關對法律的認知便成為極為重要的關鍵，例如有一批扣案之鮮乳糖，其包裝袋上說明文字全部以日文印製，背面最下端則載明「代理商：□□有限公司」，而被告卻辯說不知情；試想若純屬我國產製內銷之鮮乳糖，包裝紙袋何須全部以日文印製說明？且又印製「代理商：□□有限公司」等字樣，此自屬有意誤導消費者。以此衡之，該標示內容，足使一般消費者誤認該產品原產國為日本，而由□□公司代理進口的說法，顯然便無法使人信服，便屬顯係飾卸刑責之詞，委無足採；其對商品為虛偽標記犯行，事證明確，足堪以認定。

　　同時按犯罪事實應依證據認定之，無證據不得推定其犯罪事實，刑事訴訟法第一百五十四條定有明文。而所謂證據，係指適於為被告犯罪事實之證明者，始能採為斷罪資料，如未發現相當之證據，或證據不足以證明，自不能以推測或擬制之方法，以為裁判基礎（最高法院四十年台上字第八十六號及五十三年台上字第二七○號判例參照）。倘若又不能證明被告犯罪或其行為不罰者，應諭知無罪之判決，此刑事訴訟法第一百五十四條、第三百零一條第一項分別定有明文。加上認定不利於被告之事實，須依積極證據，苟積極證據不足為不利於被告事實之認定時，即應

為有利於被告之認定，更不必有何有利之證據，此參最高法院三十年上字第八一六號著有判例可資實務上之依循。

第一節 著作與商標之謬誤認知

　　台北地院審結葉姓男子被起訴涉嫌違反公平交易法一案。日商擁有櫻桃小丸子圖樣的商標專用權，並專用在時鐘等商品上，而倘若台商擅自販售櫻桃小丸子「造型」的時鐘，是否會觸法？

　　【解析】　首先依照檢察官起訴認為被告葉姓男子明知櫻桃小丸子的商標圖樣是屬於日商日本動畫股份有限公司向我國經濟部中央標準局申請註冊，並取得專用於時鐘、音樂鐘、卡通錶等商品的商標專用權，其尚在專用期間內，竟未經日商日本動畫股份有限公司的同意或授權，於民國八十六年七月間，在台北市大理街販售使用近似櫻桃小丸子此大眾所共知的商標圖樣鬧鐘給不知情的顧客，致與日商日本動畫股份有限公司的商品混淆，涉嫌觸犯商標法及公平交易法。

　　然查該鬧鐘本身及外包裝盒上，均無標示小丸子「文字及圖案」的商標，此鬧鐘外觀造型雖是屬於小丸子卡通的造型，然商標法保護的法益是「商標」：是指為表彰自己所生產、製造、加工、揀選、批售或經紀的商品，而以具有顏色及特別顯著的文字、圖形、記號或其聯合式，依商標法規定申請註冊後，使用於商品或其包裝或容器上，行銷於國內市場或外銷的「標記」。

　　法官認為：

1. 為使消費者易於辨識商品，對於同一或相類似的商品，商標法才會禁止使用相同或近似於他人已註冊的商標圖樣，以避免產生使人混同誤認之虞，而檢察官起訴援引的公平交易法規定，禁止使用相關大眾所共知的商標在同一商品，致與他人商品混淆，以保護交易秩序公平性，同樣也是在保護商標權，本案無關商標權，遂判決被告無罪。
2. 被告販售的時鐘，造型雖是小丸子，但並未使用小丸子商標，而判決被告無罪，此案對相關糾紛將有產生一定的影響性。

　　但是依照我國著作權法之規定，所謂著作包括文學、科學、藝術或其他學術範圍的創作，美術著作則是指著作人以智巧、匠技、描繪或表現的繪畫、版畫、漫畫、卡通、素描、書法、雕塑及其他美術著作，所以著作權所保護的是原創性。

　　同時著作權法與商標、公平交易法不同點在於必須提出告訴，否則法院不會主動受理偵辦，亦即採不告不理之原則，所以在提出告訴前，必須對商品所適用的法律範疇有所區別，以免因誤告而白忙一場。

第二節　誹謗與公平交易之謬誤

　　製造銷售快速「驗孕卡」的美商普司通公司與在台代理商長青公司，涉嫌利用召開記者會大肆登報，與發函傳真給各醫藥經銷商，指控生產同質性產品「驗孕筆」的永信公司侵害彼等專利

權。但經濟部反仿冒小組與行政院公平會都認為並未構成侵害專利行為，案經永信公司訴請板橋地檢署偵辦，檢方依誹謗與違反公平交易法罪嫌予以起訴。

【解析】 起訴書指出：美商普司通公司製造「快速檢測匣喜樂驗孕卡」在台灣享有專利權，長青公司則是在台的代理經銷商，由於永信公司製造經銷同質性產品「司彼蕾驗孕筆」，普司通與長青公司為達競爭目的，指控永信公司侵害專利，從八十五年一月起，長青公司利用發函給全台各地醫藥代理商及零售店，指摘永信公司侵害專利權之事，並在立法院舉辦公聽會，發布新聞稿指摘「股票上市公司販賣仿冒品」，翌日各大報均刊登該則不利永信公司的新聞，接著又以傳真方式通知各醫藥經銷商。檢方認為：普司通公司負責人Jemo Kang、長青公司負責人張宏才觸犯刑法誹謗罪與公平交易法的毀損他人營業信譽罪，依法予以起訴，至於兩家公司法人則以公平法處以罰鍰。

本案永信公司認為並未侵害他人專利，競爭對手是為生意競爭的惡意誹謗，而向板橋地檢署訴請偵辦。經告訴人委請財團法人工業技術研究院鑑定，認並未侵害專利，而經濟部反仿冒小組也持相同見解，行政院公平交易委員會也作出處分書，指長青公司指稱他人侵害專利，但卻未能具體說明侵害事實及敘明專利權範圍，足以影響交易秩序，違反公平交易法第二十四條規定。被告長青公司負責人張宏才雖提出由其他國外機構出具的鑑定報告，但檢方認為這份鑑定報告是在案件偵查中，由被告律師團要求所作，鑑定報告過程及結論是否客觀公正，已有疑問，且是在指摘競爭對手侵害專利後，才作鑑定報告，因此，難以認為被告

沒有誹謗之故意。

行政院公平交易委員會研判：美商普司通在控告桁陞行侵犯專利權未果後，桁陞行極可能加入生達製藥等三家廠商的行列，反控普司通誹謗，如果國內廠商反擊成功，過去美商一味指控我侵權的情勢將有重大逆轉。

公平會指出，普司通曾於民國八十二年檢舉桁陞行所進口的驗孕試劑侵犯其專利，涉及公平法第二十條的仿冒行為，但經公平會深入調查，發現該案並不構成公平法所謂：「以相關大眾所共知的他人姓名、商號或公司名稱、商標、商品容器、包裝、外觀或其他顯示他人商品的表徵，為相同或類似的使用，致與他人商品混淆，或販賣、運送、輸出或輸入使用該項表徵商品者。」

公平會還表示，由於該檢舉案並不符合相關大眾所共知的原則，因此，當時決議該案僅屬一般仿冒指控，與公平法所指的仿冒無關，因此裁定不罰。

儘管公平會已作出不罰的決議，但美商普司通公司仍陸續向統一超商、屈臣氏、萬寧等藥品通路發出存證信函，指控部分藥商產品涉及仿冒，通路不應違法販售，對於普司通的惡性打擊，包括桁陞行在內的十多家藥商及代理商聯名向公平會檢舉，指普司通進行不公平競爭，對此，公平會也裁定普司通已構成足以影響交易秩序的欺罔或顯失公平的行為，要求該公司立即停止。但因普司通對裁決不服，而向公平會提起訴願，並進而向行政院提起再訴願，目前結果則尚在未定之天！

第三節　著作與專利之謬誤

　　接下來本文將探究著作與專利間的一些問題，話說莊某認為甲國際股份有限公司購自乙國際股份有限公司之瓦斯防爆器，係侵害莊某著作權及專利權之物，包括有某牌某型瓦斯安全調整器（有測漏表及定時器）、某型瓦斯安全調整器（有定時器）及某型瓦斯安全調整器（有測漏表）等，其中前兩者之測漏表及定時器等裝置，其面板圖形係仿自莊某享有著作權之面板圖形，而後者之「管路通道超流量自動控制裝置」係侵害莊某之新型第某號專利權之產品，竟仍自八十三年十月間在全省第四台公開販售圖利並以之為常業，雖經莊某多次以存證信函警告，並將多件侵害莊某著作權有罪確定判決書等重要證物寄予被告等人，被告仍不聽制止，經莊某於八十四年七月十五日再以存證信函警告後，並由莊某派員在八十四年七月二十八日在被告等所經營之丙有限公司台北市士林分店，以新台幣（下同）三千八百元購得一只某型瓦斯安全調整器，因認被告等違反著作權法第八十七條第二款規定，應依同法第九十三條第三款規定處罰，被告等以之為常業，按同法第九十四條規定論處，被告等又犯專利法第一百二十八條罪嫌云云。

　　【解析】　按犯罪事實應依證據認定之，無證據不得推定其犯罪事實；又不能證明被告犯罪者，應諭知無罪之判決，刑事訴訟法第一百五十四條、第三百零一條第一項定有明文。

　　首先對於販賣坦承不諱；但對所販賣之產品是否合法根本不

清楚，且乙公司保證該產品合法，又於接到莊某之存證信函時，乙公司並提出許多莊某告別家廠商之不起訴處分書、無罪確定判決書及著作權登記簿謄本等物以資取信，致不疑有他，且所販售之產品係根據乙公司負責人因年度變更設計在案所領有之著作權謄本（核准文號某號）所設計，與莊某所持有之面板圖形著作絕不相同，此以肉眼即可觀察得知。

　　而某型之「管路通道超流量自動控制裝置」根本早已經中央標準局鑑定過與莊某專利範圍不同，況接到莊某存證信函通知後，為避免糾紛，早就未在第四台繼續作廣告，且將貨退回乙公司，故莊某所提出自稱在八十四年七月二十八日所買到防爆器為舊產品，不是公司所出售等語。

　　其次莊某提出上開判決或起訴書均屬尚未確定或有待法院認定者，並非確定判決，被告等人在乙公司之保證並提出相關之著作權登記謄本、不起訴處分書及判決書之情況下，相信與其等有往來廠商之保證，本屬合情合理，自不能因莊某有寄發存證信函及判決書等文件警告，而被告等人未立即停售相關產品即認定其有侵害著作權之故意或過失，否則一般商業之交易進行程序豈非會因臨時寄至之存證信函、警告信函等文件即告停擺？

　　且被告等僅係乙公司之經銷商，販售乙公司之產品，對該產品之設計、生產及包裝之細節，原即無逐項詳加拆解、探究其來源及合法性之可能與必要，且系爭之幾型瓦斯安全調整器，其上所裝置之定時器或測漏表，經法院以肉眼觀之，其大小、外觀與莊某享有著作權之面板圖形著作（執照字號為台內著字第某號）並非完全相同，顯然不能僅憑目測即認定該產品係侵害自訴人著

作權之物，今被告等人並非瓦斯防爆器設計之專業人士，而證人即乙公司又提供該定時器及測漏器之內政部著作權登記簿謄本（核准文號某號）表示系爭定時器及測漏表圖形設計即係根據該圖形著作所設計，是依渠等之交易客觀情節，被告等實有足夠理由相信其擁有該產品之合法著作權。

又依一般正常商業交易及進、退貨之程序，被告等於八十四年七月十八日接到存證信函警告後，縱使立即向乙公司訊問並決定不再販售，亦須若干時間始能出清存貨，且經警方依莊某之聲請於八十四年八月十七日十八時十五分許前往甲公司搜索時，亦未扣得任何乙公司之瓦斯防爆器等產品，雖查扣庫存明細表，僅係被告公司於各地所庫存之微笑牌瓦斯自動控制器與祥安牌瓦斯防爆器之數量，而非被告賣出之瓦斯控制器與防爆器之數量，況庫存明細表所記載之庫存貨品，係早在被告被告知該產品製造商與莊某間存有糾紛前已向廠商訂購，並無預知發生糾紛之可能，更遑論有明知之故意；故不能僅憑驗收單所展現之收貨事實即逕予推論販賣事實。則被告等稱其等在發現有糾紛後，已未再繼續販賣該產品等語，應屬可採，此一法律論證頗值得涉及訴訟時的公關著眼考量。

第三篇　公關實戰法

　　新聞報導中冠德建設董事長因公司僱工開挖興建房屋，卻因其中涉及竊占國土及違反山坡地保護法而被起訴，其否認犯行並主張未實際參與工地事務，然而依法言法其是否可就此推卸責任呢？福昌紡織因其位於桃園市大樹林段之土地在八十五年遭泛亞銀行申請法院查封，結果卻未依法公告，證管會便以其董事長為處罰對象，而提起行政訴訟主張其公司採總經理制而要求免責，是否合法？

　　其實今日社會上有許多人被別人推舉出來擔任公司負責人，卻忽略依公司法之規定，凡是負責處理有關公司決策事務之人，便是公司負責人，這點在身為公司負責人的個人公關形象上，必須有所認知與抉擇。

　　因而此時倘若公司本身涉及不法，身為公司負責人，因為綜理公司事務，公司的每一件事都必須經過其核可方能推動的情況下，其法律上應負之責任便很難推卸。

　　這點將另外考驗該公司對外之公關危機處理能力？同時依民法第二十八條，公司負責人（包括董事及其他有代表權之人（即指清算人或重整人））倘對於公司業務之執行，如有違反法令致他人受損害時，對他人應與公司負連帶賠償責任，這點必須格外注意；至於一般職員則依民法第一百八十八條負連帶責任。

　　而且依行政法院八十七年判字第九一八號判決中指出：「依公司法第二百零八條第三項之規定，股份有限公司的負責人為董事，而董事組成董事會後，選舉董事長對外代表公司，因此公司違規未公告重大事項，證管會以公司董事長為處罰對象，並無不合」；因此董事長代表公司將不得因此而卸除其應負之責任。

　　同時當「通訊監察法」正式公布後，以往執法人員只監聽電話或傳眞機，但新法把網路、郵件、書信、言論、談話及手語等各式通訊方式均納入監聽範圍，而此法規定最輕本刑三年以上之罪才可監聽，如違法監聽將處五年以下有期徒刑等隱私權的保護，在司法公關上亦必須相對的加以注意。

　　凡此種種外，醫療責任、保險危機、政治、警政等主管及機關本身的公共關係，究竟該如何在法制下建立良好的機制，便成爲公關實務上必須逐一納入考慮的重要關鍵！

第十一章　網際網路蟑螂、駭客及惡客

　　近年來科技快速的發展，資訊科技的應用已成爲企業界開創業務策略、創造競爭優勢的主要考量工具；尤其是在通訊與資訊結合後，兩者交會處的網路，而其中的網際網路，在各類企業的未來經營上，將會掀起一場全新的電子科技商業戰爭，如何運用巧妙的科技（網際網路通訊協定Internet　Protocol　中之voice over IP），將會無聲無息的擴大並落實食、衣、住、行、育、樂各方面的虛擬商店的業務領域，並且因此提供了不間斷、無遠弗屆的多元性服務，如此亦將大幅度的提升了業務，創造了更高的營收與生活型態的革命，這是一場各種行業都不能也無法規避的市場趨勢，所以各個企業必須更全心全力將應戰視爲企業未來生存的一項重要趨勢公關課題。

　　以IP爲基礎還可以建構出「全球區域網路」（Global-LAN），這是橫跨廣域網路（WAN）及區域網路（LAN），一直到個人用戶的整體傳輸架構服務系統，而其中語音與數據的整合將是一項關鍵。

　　其次當網路神經系統逐步取代爲企業建立在知識技術管理、企業營運統合及電子商務機能的三大功能時，如何有效利用此一工具的效能，使其發揮增強附加功能、縮短時程及提升服務品質上，將會扮演極爲關鍵的企業網路公關機能的角色，而利用它來

創造競爭優勢及第一時程的掌握資訊，將會使得未來商機的理論內涵，徹底的加以顛覆與改觀。

尤其像一九九七年，美國芝加哥一婦人因喝某國際知名的飲料後上吐下瀉，結果被人拿到網路上傳播，以致台灣方面的消費者也看到這次事件，於是向該飲料在台公司查詢，飲料公司趕緊向歐洲總部詢問時，卻適逢當地下班時間，只得隔日再向芝加哥總部詢問。而一則美國當地新聞就把遠在台灣的公關人員搞得人仰馬翻的情形來看網路事件未來的發展，在以往的公關領域是根本無法想像的一種危機。

當一個公司開始注意到網路的功能，並開始投入發展企業網路時，首先必須面對的是網頁的設計，其次是網址的登記，最後才是網站的經營，然而這其中的關鍵便在網路的位址登記上，勢必展開一場無可避免的位址爭奪之肉搏戰。

因此位於維吉尼亞州的網路解決方案公司便於一九九三年與美國政府簽署協議，取得專屬網址註冊之權益，亦即幫.com、net、.org的四百多萬網址辦理註冊事宜外，並委由美國線上、Internet Council of Registrars、France Telecom、Melbourne IT、Register Com擔任網址申請、註冊及分配的工作；當然除此之外網際網路通路服務公司亦是網路新興的一項特殊生態環境，而此種種亦將是未來國內網路公關公司的生存試金石；從線上服務到網際網路的發展史，我們可以很清楚的發現到這個接觸消費者的新管道，將會是未來新興的公共關係的一個環節。

因為除了公司或產品之商標名稱外，其與公平交易法、民法姓名權間亦存在一些法律盲點；因此網際網路的位址令許多大公

司感到十分頭痛，尤其在許多開發中的國家，不少「網路蟑螂」專門靠搶先登記公、私立之國際網址，再與大公司談判賺錢，而美商微軟公司靠網路軟體行遍天下，卻在大陸上為此吃了暗虧，並付出不少代價才取回應有的網址，便是值得關注的一項教訓。

第一節　網路蟑螂

　　或許大多數的人只聽過法拍屋的海蟑螂，但卻從來沒有發現到這種利用現行機制來賺取暴利的行徑，業已輾轉在網路中發酵，而人類的聰明將可由此訊息得見其端倪。

一、網際形象

　　「網路蟑螂」已被許多國際公司視為網路公害或公敵，然而在台灣邁向網路國度的時候，卻尚未被加以重視與關注，實在是一件非常奇特的怪異現象。例如日前報載香港一家公司搶先登記「www.taiwan.com」，而根據了解其幕後老闆為中國大陸的新華社，此舉等於占據台灣在網際網路上的重要窗口，如果該公司在網路散布不利台灣形象的訊息時，將會直接造成我們國家無法立即反擊的特殊媒介空間。

　　所以為了保障今日台灣及本地業者的網路權利，除了注重本地的商標爭戰外，國內相關單位及企業體本身，似乎也應該開始重視或省思「網路蟑螂」這個虛擬國度中的問題，否則一旦遭遇，恐怕是傷痕累累且得不償失。

二、網域名稱

在充滿商機的網路中,針對網路世界自由進出網站的困擾,所以發展出以文字爲主的網域名稱系統 (domain name system),必須加以注意其經濟價值與重要性,因爲透過它比對網域名稱伺服器 (domain name server, DNS) 中之Whois資料庫之轉換,可以輕易的尋找所需要的資訊;而此網域名稱通常包括三層結構:第一層高階網域名稱 (top-level domain name),又稱區域簡稱;第二層高階網域名稱 (second-level domain name),又稱類別通稱;第三層高階網域名稱 (third-level domain name),又稱特定名稱。

區域簡稱ISO3166的國家代碼爲發給之準據,在國際間最高階的網域分配是由國際網際網路資訊中心 (Internet Network Center, InterNIC) 統籌,再將各國或地區網域名稱的申請授權給個別的國家或地區網路資訊中心 (NIC),例如亞太地區之網路資訊中心 (Asia Pacific Network, APNIC)、美國網路資訊中心 (Network Information Center, NIC);而我國網路資訊中心 (TWNIC) 所公布的網際網路網域名稱申請暨收費辦法所規定,網域名稱的登記作業係委由教育部電算中心 (TANET)、數位聯合電信股份有限公司 (SEEDNet) 及行政院研考會就不同之類別各自受理申請;原本申請採免費制,但自民國八十七年一月起,申請人收到網域名稱申請核可通過之e-mail後,必須按規定方式繳交註冊費新台幣 (下同) 五百元,並

一次繳足兩年年費兩千元，申請核可的網域名稱才可正式啓用。

第二節　網路駭客

打開網路駭客的破壞史，或許洋洋灑灑的可以大書一番，然而在網路世界裡人人聞之色變的「hacker」傳奇，從入侵軍方系統、銀行金融系統，到偷打免費電話，這些看似搞怪又無聊的破壞行徑，或許就是一般人心目中對駭客的印象。

一、駭客任務

「駭客」這個名詞在今日已經變成網路壞蛋的象徵，沒有人可以告訴我們，它是何時、何地、由誰創立出來的，因為它只是一種次文化的代稱，而這種次文化又和網路有著密切的關係，如此而已。

如果真要追根究底，在研究人工智慧的學校實驗室裡，像MIT、Stanford、CMU，這些來自實驗室的「菁英份子」，為了展現創意，久而久之便形成一種只有他們才能夠理解的溝通方式，其原本只是炫耀技能，但如上網試探而將病毒流出去後，便成為犯罪的工具，這就是現在我們所知道的駭客由來；不過他們有一套倫理制度，誰違反了這些遊戲規則，就會變成駭客們唾棄的對象；但是一旦上網傳播出去便會觸法，這點學校公關必須加以落實以免成為學生未來「生命中無法承受的重擔」。

隨著電腦網路的逐漸普及發達，網站被入侵竄改的事便屢見

不鮮；在美國號稱「銅牆鐵壁」的國防部網路，便是駭客的最愛，所以不斷有駭客放話表示破解國防部的網路系統，而且已偷取重大軍事情報外，連知名的搜尋引擎雅虎公司也曾被駭客寫信恐嚇，指出在雅虎的伺服器內放置病毒，如果不付錢，就要在某一天「毀滅」雅虎和所有的使用者，後來幸而只是有驚無險地收場；最近駭客的新歡，則是美國最大的網際網路服務公司（ISP）「美國線上」（American On-Line），以及全球第一大網路書店亞馬遜（Amazon），這便是現今駭客極力希望突破網站安全建制，以便侵入系統為其最感興趣的一個實驗室。

雖然成為駭客的首要條件就是有能力入侵他人的系統，但是他們也有自己的一套處理方式：第一，他不會任意更動系統裡的任何資料；第二，他不會留下任何證據讓你追查；不僅如此，他還會用系統管理者的名義寄一封信給你，詳述他是從哪裡進來，怎麼進來的，以及你應該如何把這個洞補起來等等；這是「標準」的hacker作業程序。然而駭客究竟可分為幾種類型呢？依據資策會的歸納可分為施放病毒、放置後門程式兩大類型。

從internet出現以來，全世界發生的系統入侵事件每年都在增加，這除了顯示無聊人士越來越多外，也間接證實了駭客確實存在於這個世界上。其中最廣為人知的是一九八八年的Robert Morris的Internet Worm；然而這個問題的嚴重性必須加以注意負面的導向。

二、駭客責任

　　目前由台灣地區所設計的車諾比電腦病毒，便使得包括土耳其、南韓、新加坡、孟加拉、馬來西亞、中國、菲律賓、美國、伊拉克等橫跨亞、美洲及中東地區之六十多萬部電腦停擺，其所造成的電腦設備及商業利益損失，保守估計達數億美元，這時該如何建構有效的防火牆，將成為許多企業公關必須考量的網路危機。

　　舉例來說，就像前述如果有一天他們當著你的面入侵公司的網路系統後，再表示讓你自行決定是否購買他們的產品時，試問，你敢不買嗎？而這些網路入侵者如造成損害，其刑責定位所觸犯的是否構成刑法第三百五十二條第二項（干擾他人電磁紀錄之處理，足以生損害於公眾或他人）之毀損罪，將處三年以下有期徒刑、拘役或一萬元以下罰金。

　　而所謂電磁紀錄依刑法第二百二十條之解釋為以電子、磁性或其他無法以人之知覺直接認識之方式所製成的紀錄，而供電腦處理之用者而言；然而因前述行為需要告訴，檢察官才會偵辦，加上蒐證上的困難，以致至今尚無任何判決可供參考。

　　另外網路駭客亦可透過張貼假訊息來進行詐騙，例如在美國網際網路股票交易蔚為風潮後，便有人利用網路技術將訊息讀起來像公司發布的新聞稿，還作出與彭博資訊新聞網連結的功能、加上廣告、並選在那達克證交所開盤前半小時發布，讓投資者無暇查證的新詐騙炒高股票的手法，都將在未來網路的世界中，一

一浮現。

在台灣，駭客的資歷和功力或許不及國外資深駭客一樣高強，但是他們卻掌握了國內網站管理者粗心的這個重要缺點，因此經常搞得網路雞犬不寧，而其中最為我們所熟知的，就是年前國民黨網站首頁被駭客改成色情圖片，立刻引起連結率大增，大家爭相來看。

而另一件值得提出來的，則是不久前某知名的電腦雜誌網站所在的伺服器曾經被駭客侵入，而駭客亂發砍信指令，騷擾台灣學術網路各新聞群組和BBS，後經調查發現，駭客其實是利用管理人員疏忽了網路硬體設計上的漏洞，透過某校伺服器侵入系統後亂發指令，如果網管人員細心注意，則不至於發生騷擾事件，而這正是網路公關重要的一項課題。

後來國內又有電子券商因為忽視內部分層授權的觀念，結果被駭客輕易破解並掌握客戶的下單資料，並藉此加以勒索的案件，更值得業者投入關注，因為這些事情都將使得公司形象受損，縱使今日駭客技術很高強，但是究其根由來自粗心的網管則絕對是重要的幫兇。

刑事局電腦犯罪小組偵破國內首宗電腦駭客入侵網路案。根據刑事局調查，即將退役的二十六歲黃姓軍醫，堪稱國內首位「台灣駭客教父」，舉凡國內所有的網際網路公司都遭黃某入侵，由於黃某目前仍是軍人身分，雖然國防部的網路為封閉系統，黃某是否侵入竊取國防軍事機密，值得注意。

本案是修訂刑法第三一五條二項妨害祕密罪後，國內電腦犯罪的首度適用，最重可處五年以下有期徒刑。據了解，刑事局會

同國防部反情報總隊已逮捕黃嫌，經過長達十多個小時的偵訊後，先將他飭回，同時透過檢方移請軍事檢察官擴大偵辦；刑事局表示，某醫學院醫學系畢業，目前正在服役的黃姓軍醫，涉嫌從八十五年起，以多種駭客方式入侵國內包括中華電信Hinet、大眾FICNE等數個國內大型的網際網路公司，同時黃嫌也侵入國內各大專院校，涉嫌開啓他人檔案、竊取各公司客戶資料，並刪除毀壞稽核檔案。

由於國內大大小小的網際網路公司均曾遭黃嫌以電腦駭客手法入侵，刑事局留美碩士的資訊室主任李相臣形容黃嫌，堪稱國內有史以來最具分量的「台灣駭客教父」，黃嫌的手法已達國際一流水準。

刑事局調查，黃嫌於年初元旦假期，在高雄的家中上網，成功入侵一家ISP公司，竊取客戶撥接帳號及密碼等資料，調查發現，元月底，黃嫌故技重施，再次入侵該家ISP，並設置監聽程式，以盜取更高權限的帳號及密碼，然後再用該帳號進入系統，安裝後門，將自已侵入的紀錄刪除。

綜合言之，國內駭客經常使用的侵入方式，主要是研究業者所使用的系統弱點，例如系統設計時可能暗存秘密的專用密碼，熟悉系統漏洞的駭客侵入系統取得使用權限後，修改程式系統，安裝後門；如此不但可以安心竊取其他使用者密碼及資料，還可以反客爲主，洞察網管人員是否正在追查；而更有少數的高手則是利用高速電腦運算破解系統密碼。

所以我們可以明白網路沒有絕對安全的防護軟體，如果想要眞正徹底解決駭客的問題，只有透過不斷檢查所有網路的節點

（例如存取認證、滲透稽核、入侵辨識及反應系統、資料保密及主機安全警戒等）及建立網路倫理的公關，如此才能使問題發生減少，危害降至最低程度。

因此ISP公司必須具備高警覺性，以便察覺系統有不明人士造訪，並將該名不明人士所為一一記錄，如此才能確保公司的資訊不被盜取，同時安裝監聽程式來反制，而此種措施也正是網路公關的重要保護環節。

第三節　網路惡客

當然如何落實保障網路交易安全更是近幾年來業者積極努力的方向，所以在八十八年四月便有包括惠普科技、台灣微軟、聯合信用卡中心、世華銀行及年代資訊等，共同發起籌設「消費者電子商務聯盟」，而此正是國內第一個致力保障使用者網路購物安全及隱私之民間自律團體，而此將與政府頒布之「個人資料保護法」相互為用。

一、惡客類型

網路惡客究竟可分為幾種類型呢？依據資策會的歸納可分為未經授權進入他人系統；偷窺檔案（依刑法第三百十五條規定將處拘役或三千元以下罰金）；複製、更改或刪除檔案等三大類型。

刑事局在八十七年七月三十一日破獲「電腦惡客」入侵網際

網路服務公司案，逮捕這家ISP公司的員工，經調查發現該名員工涉嫌自該年五月起便盜取公司客戶帳號、密碼等資料，並欲將九家虛擬主機的重要客戶的網頁資料全部刪除。

而八十七年五月起，受害的ISP公司發現有人經由網路進入系統盜拷該公司客戶帳戶密碼資料，即向刑事局資訊室「電腦犯罪小組」報案偵辦。

刑事局獲報後擬定「獵客計畫」，請公司配合記錄所有網路使用者進入系統後下的「特別」指令，同時並報請台北地檢署檢察官指揮偵辦。

日前該ISP公司發現「電腦惡客」再度入侵系統，且比上次嚴重，除了挑公司重要客戶下手，甚至一些在網頁上提供線上查詢、轉帳、下單服務的銀行及證券公司也不放過，辦案人員還發現入侵者進入虛擬主機空間下了殺傷力最強的刪除檔案指令，欲刪除網頁，被選中的有九家公司，所幸這一次警方事前就知會業者防範，才未被破壞。

刑事局電腦犯罪小組過濾可疑對象再比對系統稽核檔後，發現該ISP公司曾姓離職員工涉有重嫌，將他逮捕，曾姓員工向警方承認因金錢糾紛，才下手刪除網頁，警方則將他依妨害秘密及毀損等罪嫌送辦。

二、惡客責任

刑事局偵破前述「電腦惡客」案後，警政署為全面防堵電腦網路犯罪，已責各刑事單位配合成立「電腦犯罪小組」，偵辦轄

內有關電腦網路犯罪案件。

另外公司離職員工利用網路e-mail竊取公司關鍵技術（即前第六至八章所指之申請智慧財產權之部分），此點企業在規範資訊系統管理規則之同時，務必加以注意，以免引發公司的損害。

最後必須特別注意刑法修正通過，針對偷竊的刑責，依據第二十八章妨害秘密之規定，必須注意以下規範：

1. 無故利用工具或設備窺視、竊聽他人非公開之活動、言論或談話者。
2. 無故以錄音、照相、錄影或電磁紀錄竊錄他人非公開之活動、言論或談話者，處三年以下有期徒刑、拘役或三萬元以下罰金。
3. 意圖營利供給場所、工具或設備，便利他人為前兩項行為者。
4. 意圖散布、播送、販賣而有前開之行為者。
5. 明知前開行為或知為竊錄之內容而製造、散布、播送或販賣者，處五年以下有期徒刑、拘役或科或併科五萬元以下罰金。

同時刑法第二百三十四條規定，意圖供人觀覽、公然為猥褻之行為，將處一年以下有期徒刑、拘役或三千元以下罰金；如加上意圖營利則處二年以下有期徒刑、拘役或科或併科一萬元以下罰金。

第四節　網路危機

「科技至上」的想法已然受到現實的挑戰，電腦千禧蟲的問題已經在全球造成不安，又譬如今日網路科技在廣泛使用之後，色情、軍火、毒品、大補帖之販賣，又多了一層管道；加上網路誹謗早已司空見慣的情形下，如何建立網路規範、養成網路道德、以及如何確保網路交易及隱私的安全，已成為刻不容緩要立刻面對與解決的問題；而種種領先於法律及社會行為之共識，也亟待公關人來思考解決。

一、網路傳播

近日經由網路上的無限傳播，當然台灣方面也看到關於「衛生棉長蟲」、「感冒藥加酒自殺配方，導致新埔工專學生吞食後喪命」的案例；業已引起媒體及社會著注意，因此稍有疏忽將會引起企業危機之虞的說法，亦引起敏感的公關業等導入網路等科技工具，並設法提供互動式的解決方案來化解網路危機。

而提起網路危機總動員首推當時英特爾Pentiun剛上市時，一群具電腦背景工程師批評專業繪圖所使用的浮點運算器的瑕疵，引發消費恐慌而使得英特爾被迫將產品收回或整修缺失，其所造成的損害可見一斑，還有假造大哥大也會中毒感染等，此種利用網路傳播謠言亦可能製造一些恐慌的問題，亦應加以注意。

然而在網路虛擬的國度中，依據法務部八六律〇四七七八號

函、八七律○二一三七五號函及八七高檢英電紀字第○一四號函，均表明以電腦犯罪具有證據極少和毀證容易起見，主張偵查應爭取時效，建議電信總局、教育部通函ISP業者，在接受檢警機關的傳眞公文時，即自行提供所需之查詢資料，可不顧電腦處理個人資料秘密保護法第八、二十三條之規定，此舉在《自由時報》之「自由廣場」受到淡江資訊傳播系副教授劉靜怡的質疑；而此一質疑正是今日法律人必須省思的程序人權保障。

我們可以看看許多檢警單位針對一些匿名檢舉案的偵辦過程，根本無視法律在未判別犯罪前應是無罪的推定，這種漠視法律正當程序的作法，現今引起非法律人的質疑後，若還是不予以重視的話，試問司法到底如何使人信服其爲正義的最後防線呢？

二、網路監控危機

奧美公關董事長白崇亮在八十八年四月二十九日《工商時報》指出，「網路危機傳播速度之快，有時甚至在媒體尚未發現前，消費者便已透過網路而知道並進而產生恐慌，這種未經查證即透過網路加乘速度擴散出去的特性，對市場的影響力尤甚以往。」

另外依消保會八六消保法字第○○六四八號函認定：網路服務提供者及廣告網站經營者均屬於消費者保護法第二十三條之「媒體經營者」，必須負起該法所規定之媒體經營者的連帶責任。

所以如何因應各種討論群組，被有心人士拿來作爲散布謠言

的媒介，驅使媒體跟進報導，這種新的危機產生的模式，已經成為現代公關不得不加以思考的一項挑戰；根據了解日前「衛生棉蟲蟲危機」，便是循著這個模式加以無限擴散，由於當時得知這個網路消息是在公司行號間被廣泛傳眞，甚至連醫院都將訊息貼在佈告欄上，對此，該企業便曾就是否要開記者會澄清，或用選戰行銷手法以一傳十；還是單獨個別在網路上回應而費思量，由於網路這個新媒體沒有特定的對象可以追蹤消息來源，所以更凸顯訊息管理的重要性，另外像公司服務人員態度不佳，被消費者錄音後在網路上刊載的日本東芝錄影機事件，公司處理公關能力的後知後覺，一直到局勢不對爲時已晚時，才由副社長道歉的商譽損失，足爲殷鑑。

　　而從公關的角度來看，因應網路危機可能產生的恐懼和誤會，積極的處理手法是採取預防措施，除借重搜尋引擎等網路工具輔助等直效行銷手段來管控訊息外，建立自己網站的主導功能，相信更能發揮撥亂反正的功效。

　　愛德曼公關總經理吳大衛表示，網路危機來自webnews、newsscoop兩處討論群組，若企業想要避免網路誤傳，只要在搜尋引擎輸入關鍵字、產品和品牌，甚至是競爭品牌資料，便可以將相關新聞網站以及過去曾出問題的「狀況網站」，定時辨識訊息來作風險評估。

　　另外不論桌上型或筆記型電腦目前都可加裝開關機密碼裝置，以及螢幕保護程式的雙重密碼保護功能。因此只要開機時設定，以後電腦開機時都會詢問使用者密碼，這一招其實可以阻擋許多有意、無意隨便開機的其他使用者；另外，設定螢幕保護程

式,也可以同時設定螢幕保護密碼,當電腦進入保護程式後再啓動時,也要輸入使用者密碼才能使用,這樣可以避免使用者開機後因事突然離開電腦時,電腦被其他使用者隨便使用、侵入或盜取重要資料的可能機率的發生。

由於網路是危機新生的溫床,所以截至目前爲止,並沒有任何人知道該如何正確處理,所以完全視消費者反應的調查分析而定。然後設法從以往網路危機的個案研討分析,一般業者可判別是在初期即發現誤傳消息,便可馬上在網路上對個人回應,如果訊息已引起廣泛討論,則可發給版組代爲聲明啓事,不論何者,企業也都應向刑事局網路犯罪調查科備案,以便將危機問題眞正移轉市場的注意力,否則一旦擴大勢必導致問題無法收拾,而使企業面臨眞正的危機,因此網際網路的發展,是否絕對會對企業產生危機,應該透過公關詳加評估分析,而非被表面的假象所誤導,如此應可獲得較佳且正確的判斷。

三、網路商務法則

到了公元兩千年,數位化電子經濟的全球電子商務(透過網路交易)交易,將超過一點五兆美元,顯見電子商務發展的速度非常快。然而國內電子商務雖然正在蓬勃發展,但相關法令卻還趕不上,其中所涉及的相關問題包括:

1.原企業名稱選取後,轉戰電子商場應如何登記經營範圍?
其中是否涉及公司法第十七條及商業登記法第五條之特許

行業的登記？以及有無最低資本額的限制等等？

2.網路交易要不要課徵營業稅？目前歐美態度並不一樣，美國是軟體強勢國，為了讓其商品能擴大透過網路交易，美國傾向不課營業稅；但歐洲卻傾向課徵營業稅，歐洲認為如果只能實體上交易課徵、而不對網路上交易課徵，對實體上交易不公平，而且隨著網路交易的擴大，會造成稅基的侵蝕。至於我國應朝向哪個方向走呢？

3.如何付款之方式？數位簽章在未立法前算不算合法認定？究竟是修改民法將數位簽名也算簽名的一種，或是另定數位簽章法作為法源，此點也應該儘早界定；另外，還得有個專業的認證數位簽章機構，不過這個機構亦要有個法源依據才能設立？認證中心依法令、契約或侵權行為所衍生的損害賠償問題？究竟依仲裁，還是訴訟解決？

4.如何保護消費者？其中電磁紀錄存在的契約條款是否適用消保法定型化契約呢？買了東西如果品質不好，是否像現在一樣在一週內退貨？交易的爭議究竟該如何妥善地處理呢？在還未有法院具體判決前該如何因應呢？不過值得注意的是民法第二百四十七條之一規定：「依照當事人一方預定用於同類契約之條款而訂定之契約，為下列各款之約定，按其情形顯失公平者，該部分約定無效：(1)免除或減輕預定契約條款之當事人責任者；(2)加重他方當事人之責任者；(3)使他方當事人拋棄權利或限制其行使權利者；(4)其他於他方當事人有重大不利益者。」

5.從網路下載數位商品，算不算是「買東西」呢？把數位音

樂、數位錄影這種有商品性質的東西下載而完成交易，是否要付費呢？

6. 網路消費發生爭議，除了直接向法院起訴外，依據消保法第四十三條之規定可向網路商家申訴，或是消保團體（例如消基會），或向省（市）、縣（市）政府之消費者服務中心申訴，如果網路商家未在十五日內妥善處理的話，可向前開消保官申訴，請求協助處理，如未解決可向前開消費爭議調解委員會申請調解，如果商家違反消保法更有可能受到停止營業或勒令歇業的處分。

第五節　網路商機

在網路上提到那麼多的危機，接下來我們也該談談網路上的一些商機，而究竟有哪些事項可與網路搭配呢？經筆者研究發現以下幾點頗值得參考研究的項目：

1. 配合調查立即統計及分析、登錄顯示客戶動態資訊。
2. 配合降低無效動作，以便提高效率來降低成本方面。
3. 配合以電腦擬人化服務系統之建構，直接與客戶交易。
4. 配合隨時掌握貨品的進、銷、存貨間關聯，降低庫存。
5. 配合即時完成無店舖的虛擬世界各種線上交易活動。
6. 配合網路即時服務功能，將有效改進時空所帶來的隔閡。

一、線上公關

　　因此網路最常藉由線上公關吸引消費者，發布活動資訊，使用較多的互動技術；網頁廣告中，更有超連結選項數的斟酌、使用名人推薦方式的表現手法、網頁廣告中的圖文比例，來進行產品銷售，並舉辦各類促銷活動。

　　至於透過簡單的行銷學分析，市場是由三種群體所交叉組成，即大眾、分眾及小眾分別重疊而成，因此行銷通路必須依預算分別透過以下媒體來傳達訊息：

1. 大眾市場部分：有線及無線電視、廣播、報紙、網路。
2. 分眾市場部分：廣告信函、專業報刊、雜誌、電子郵遞。
3. 小眾市場部分：推銷員、傳銷、傳眞、電話訪員及分發傳單。

　　然後依照一般銷售的觀點來看，以上幾種通路何種能夠以較小預算即可實施、因故變更計畫成本較低、相關費用較低、可否集中於某特定時段施行、效果測定較易、有效掌握目標客戶、行銷訴求具彈性、可在短期內大規模進行促銷、具隱密性及專屬性、雙向溝通可立刻解決客戶問題，以及接受程度高不易回絕等特性來評估，相信這些在網路商機的探討上應該存在著一些足以吸引人的商機運作模式，例如ISP公司結合電腦製造商，經由送電腦上網路，來掌握目標客層的意圖，即十分的明顯，而這種經由媒體報導後的多重宣傳效果，絕對不是眼前的利潤或損耗所能一窺的

商機奧妙！

在組織運作公共關係時，可以透過不同的傳播媒體和工具與相關公眾溝通，因爲在不同狀況、不同公眾來配合特定的媒體工具才可達到令人預期並滿意的效果。

當然目前網路或許存在上網速度過慢，以及內容貧乏的窘境，然而身爲網路公關，便必須要洞燭網路的商機所在進行評估，究竟網路商機何在？網路發展潛力爲何？持續不斷的投資、及早卡位是否便是市場占有的保證呢？其實網路看似簡單的商機，或許您認爲發揮一些創意、再嘗試整合就可創造電子商務的商機，然而事實上多少企業在這個市場因定位錯誤而鎩羽而歸呢？其實早期的郵購爲何能夠使三商生存，後來三商爲何面臨郵購業務的萎縮而轉型，其實這其中的關鍵因素便是必須了解市場環境與消費習慣的變化，否則經營網路商場必將毫無成功的契機！因爲只憑模倣將無法和具有原創性的國外網站相抗衡。

二、連結與整合

畢竟網際網路是一個全新的平台（platform），如果無法將其與其他原有的資訊架構連結，則無疑是緣木求魚毫無意義；所以組合國際（Computer Associates International）的王家廉提出神經網路技術（neural network technology），便提出利用交易資訊彙整，而從過去的客戶行爲模式，來預測未來可能的行爲；此種行銷觀念在中國信託商業銀行業已開始實施這個方案，不過值得一般企業注意的是電腦處理個人資料保護法第十八

條之規定，非公務機關對個人資料之蒐集或電腦處理，必須符合經當事人書面同意、與當事人間有契約或類似契約之關係，而對當事人權益無侵害之虞、已公開之資料、學術研究必要而無害當事人重大利益，以及特定經核准的事業或團體，譬如該法第三條所條例之：(1)徵信業及以蒐集或電腦處理個人資料爲主要業務之團體或個人；(2)醫院、學校、電信業、金融業、證券業、保險業及大眾傳播業；(3)其他經法務部會同中央目的事業主管機關指定之事業團體或個人，了解公關基本法，避免遊走法律邊緣造成危機。

　　其次網路公關人士必須注意目前網路整合上的兩個趨勢大餅：固定網路與行動通訊，如果身爲公關的您疏忽這些未來的發展，您也必將使企業面臨被淘汰的危機，同時急於卡位而挑戰品牌的免費決策公關，若未著眼未來環境因素、市場成熟度、本身技術及獲利能力，而以非常手段開拓市場，將不但無法借力使力，更可能因此跌入無法挽回的絕境。

1. 固定網路：依官方的說法是指利用有線或其他經主管機關核准的傳輸方式，連接固定發信端與受信端的網路傳輸設備，及兩者附屬設備（如非同步傳輸模式「ADSL」及智慧網路「IN」，加上利用有線電纜達成利用通信用途、利用衛星連路作爲數據接取等）所共同組成的通信系統；而將來這條電話線路將包括有線電視電話、電視上網、互動電視、指定播放、遠距教學、遠距醫療、遠距諮商、虛擬銀行、視訊會議、聯網保全、電子購物、國際數據傳眞、

高速上網等功能；此時應注意「固定通信管理規則的制
定」。

2.行動通訊：透過無線電波、基地台等進行訊號交換，易受
地形地物之干擾；不過目前世界上有多家通訊生產製造商
已經開始發展藍牙計畫（bluetooth）；取自丹麥國王
Gorm之子的名字，將短距無線連接的技術方案，透過各種
電子、電信設備同步連接起來，以全球性頻帶操作，而實
現全球兼容的通訊，如以電話來舉例，那就是在家是一般
室內電話之無線分機，在辦公室則是內線分機，而外出時
便是行動手機；如果在禁止使用的飛機上，可利用預先的
預備訊息或指令來處理一切通訊事項。

現行通訊市場的發展表面雖然非常的興盛，然而十家中有九
家處於虧損的狀態，所以如何因應整個財務結構的修正與結合周
邊產業的共創新商機，以及提升其效能，將是未來值得通訊網路
市場公關深思的一項重要關鍵因素。

最後必須注意，科技縱使再進步，但是人與人之間直接互動
溝通的感覺，是絕對無法被取代的，所以兩者間的交互運作模式
該如何整合，才是網路公關致勝的關鍵所繫。

根據《財星》雜誌在一九九九年五月二十四日的報導中，分
析出網路致勝的九項絕招，此一訊息也正是公關人必須隨時留意
的重要資訊來源，其內容策略大致可區分為以下幾個重點，特摘
錄供實作之參考：

1.建立與客戶的直接網路連結；例如戴爾公司。

2.建立企業內部之網路的建制；例如福特汽車。

3.低廉的網站程式來進行連結；例如Pitney Bowes。

4.透過網際網路進行徵才計畫；例如昇陽公司。

5.設法抓住網路公民實際需求；例如雅虎公司。

6.發展網路直效行銷各類商機；例如Next Card。

7.完善的線上零售行銷與客服；例如亞馬遜書店。

8.協助客戶直接上網交辦進度；例如聯邦快遞。

9.網際網路把企業內財務整合；例如思科公司。

　因此網路從平面的版面，接下來到新聞、廣播，目前將朝向未來的網路電視、電影及互動式網路，進行各種聲光的極致菁華，正等待著網路公關的開發！

　不過值得注意的是目前少數網路公司虛灌上網人次來爭取廣告與投資的行為，恐怕在未獲得利益前，必須考量偽造文書及詐欺的刑責，這點在網路商機上亦應加以特別注意。

第十二章　網際網路危機之違法處理

　　網路其實是一種互動式行銷市場，而根據《天下》雜誌的調查，我們不難發現網路上的使用人口以年輕高知識份子和學生為主要，所以網路可說是一種分眾行銷（segment）的市場，透過這個市場進入並建立屬於公司所未預期而卻欲接收的一些database資料庫。

　　公司上網無非是打廣告、推銷產品及建立形象，然而光靠這些還不夠，因為網路是一個封閉的傳輸點所構成，如何讓上網的人知道您的所在，這便必須靠網路行銷及公關來扮演積極牽線的角色。

　　當然透過一些活動獎品的吸引，可以快速的吸引人家上網一探究竟，如此一來經由登錄資料及年齡、需求及經濟狀況，便能很容易地作出marketing service，然後再針對交叉分析的結果，來促銷這些經歸納整理後適合的產品需求者，如此將使得產品很快的打入市場，並減少不必要的浪費。

　　所以網路行銷便會很自然的衍生出一些矛盾與違法利用的商機，以下便是實際的網路違法案例。

　　網路違法的內容顧名思義是指在現行法令上已經禁止的犯罪行為與內容，其犯罪模式可簡單分為以電腦為犯罪工具、以電腦為犯罪場所及以電腦為犯罪客體，例如：

1. 全球皆禁止的「兒童色情」。如果在網路上張貼、放映未滿十八歲未成年人的猥褻圖畫、影片、光碟等，觸犯我國兒童及少年性交易防治條例第二十七條、二十八條之規定；另外依同法第三十三、三十四條規定對於未滿十八歲者，以廣告物、出版品、電視、電子訊號、電腦網路或其他媒體，散布、播送刊登足以引誘、媒介、暗示或其他促使人為性交易的訊息者，將處五年以下有期徒刑，得併科新台幣一百萬元以下罰金；至於廣告物、出版品等有散播、暗示上述促使人性交易的訊息者，目的事業主管機關得處以新台幣五萬元以上、六十萬元以下罰鍰。

   然而網路上有很多匿名、隱形的人，利用國內多數網路服務公司或免費網頁郵件網站，藉著無法檢驗個人資料的漏洞來規避刑責；或者以超連結的方式來避開引誘、媒介、暗示或其他促使人為性交易的訊息者，這點未來將發生爭議。

2. 常見的在網頁上張貼或販賣色情圖片，便屬於刑法第二三五條所規範的「散布」或「販賣」猥褻圖文的行為；實際案例如「說說成人網站」，利用該網站傳送男女交媾等猥褻畫面，並以月費兩百元的價碼招收想觀賞圖片的會員，台北地院於八十六年九月判處張姓夫妻各八個月與五個月的徒刑，得易利罰金；另外，「禁忌樂園」網站則是由黃姓男子以每月一百五十元的會費招收會員，然後將他由國際色情網站下載的色情圖片，以電子郵件傳送給會員，板橋地院在八十六年九月判處被告四個月徒刑。

3. 至於網路上買賣槍枝的行為，刑法第一五三條的煽惑他人犯罪或違背法令罪，以及槍砲彈藥刀械管制條例皆有規範。

4. 在網路上刊登不實廣告騙取錢財則觸犯了刑法第三三九條詐欺罪；或者假造上網人數來招攬廣告或吸引他人投資，則除觸犯詐欺罪外，倘涉及偽造文書，詳參7.。

5. 藉由網路傳送的電子恐嚇信函，這種透過網路恐嚇他人的行為，同樣會有刑法第三四六條關於恐嚇罪的適用。

6. 使用者在網路上非法重製或散布他人享有著作權之作品，行為人則須依著作權法相關規定負起徒刑、罰金等刑責。

7. 利用電腦網路偽造、變造係以電磁紀錄的方式呈現，依刑法新修正條文中，已明白將「電磁紀錄」視同「文書」處理後，也同樣符合刑法偽造、變造文書之罪責。

8. 至於網路上開設賭場，從有線電視拉斯維加斯頻道便不難推論其亦適用在網路，而有刑法第二六七、二六八條之適用。

9. 在網站上雖未刊載猥褻畫面，但提供色情網站網址連結，曾有法院以刑法妨害風化罪之「以他法」供人觀賞猥褻圖畫罪處刑的問題，必須加以注意。

第一節　網際網路販售資料之違法處理

　　刑事局電腦網路犯罪小組八十七年上網路搜尋時，發現有人在電腦網路上刊登「私貨倉庫」廣告，並以販售「高收入戶名

單」為號召，以便吸引廣告主上門，同時其宣稱每份資料中，計蒐集二十至五十萬筆個人資料，涵蓋全國各消費層，廣告主立即可省下五十至六十萬元行銷成本，而一份名單僅售新台幣五千元。

警方於是循線追查，發現該網站設在台北市景美區，於是派人前往查察，因人已搬家而未有所獲。

後來警方不眠不休的追蹤，終於查獲就讀法律系的大學生，因被股市流氓聘僱利用後，再查獲傳播系大學生未經當事人同意，在電腦網路上非法販售「個人資料」；警方並依此循線追出來源位於台北市南京東路之泛亞國際商社，因此將商社王姓負責人、楊姓大學生依違反「電腦處理個人資料保護法」函送台北地檢署。

而由「泛亞」國際商社查扣上百萬筆個人資料及帳單後，從出貨單發現該公司所賣個人資料包括股票投資人、公司負責人、信用卡金卡持有人、名牌轎車所有人及電子郵件信箱名單外，尚細分為年收入二百萬元以上高消費婦女、銀行定存三百萬元以上存款人、高級別墅擁有人等，不法業者非法蒐集他們的個人資料，包括其姓名、住址、電話等，總數達一百五十萬人之資料之細，著實令人十分驚訝。

同時警方調查發現，王姓負責人係從電視台抽獎資料、問券申請書、廣告回函、俱樂部申請書及畢業紀念冊等資料蒐集個人資料，再分別歸檔，收入他自訂的檔案中，如信用卡持有人、名貴轎車持有人、公司負責人等，由客戶按需要下訂單。

至於何以有年收入二百萬元以上高消費婦女較特別的個人資

料，王姓負責人說他是運用統計學自行分類建檔，他表示，類似個人資料，在電話簿上就可找到，他不知道已觸法。

警方並說，王姓負責人將這些個人資料賣給廣告公司，此外，也懷疑有部分流向黑道人物手中。

因其觸犯個人資料保護法第三十三條，可處兩年以下有期徒刑，而且若被害人請求損害賠償，每人每件可求償兩萬至十萬元之間，若有一千人求償，數額即達上億元，後果慘重，所以警方特別呼籲勿以身試法。

而此種違反電腦處理個人資料保護法，若因而導致他人損害，可處二年以上有期徒刑、拘役或併科新台幣四萬元以下罰款；被害人並得請求損害賠償。

同時必須另外注意在網路上散布、播送或販賣猥褻之文字、圖畫、聲音、影像或其他物品，或公然陳列，或以他法供人觀覽、聽聞者，處二年以下有期徒刑、拘役或科或併科三萬元以下罰金；而意圖散布、播送或販賣而製造、持有前開文字、圖畫、聲音、影像及其附著物或其他物品者，亦同。

當然在網路販售「大補帖」亦有被高院判決確定之案例，一名被友立、大宇、倚天及智冠聯合控告的林姓高職生，被以違反著作權法判刑六個月有期徒刑得易科罰金十六萬餘元，並須賠償損害八十萬元，足為此類侵害智慧財產權者為殷鑑。

第二節　網際網路妨害名譽之違法處理

網路其實是一個真實社會的縮影版，而其中隱存著看不見的

騙子（騙財、騙色，無所不在），然而其中騙人的可惡，往往比不上被騙者（貪婪）的可笑與愚痴，同時也更令人感到人際疏離所帶來的危機。

　　同時今日網路社會逐步成為未來社會的一部分，對於相關的網路隱私保護，更是不可不加以留意，這點可以從國際上的落實保護制度一窺端倪，如一九八○年的「隱私個人資料保護基準」（OECD）、一九九五年歐盟的「個人資料保護指令」以及我國在一九九五年所公布之「個人資料秘密保護法」、美國聯邦政府在一九九八年頒布之「隱私保護自律原則草案」。然而前面幾種均係以法律來規範，不如後者透過業者自律及建立社會大眾信心要來得更有意義，您認為呢？

一、為報復，網路上代徵性伴侶涉嫌觸法

　　【案例一】　刑事警察局資訊室電腦犯罪小組八十七年五月中旬受理在高速公路局任職的林姓女被害人報案指稱，從三月下旬即莫名其妙地收到上百封內容猥褻之電子郵件，還有日夜不停的性騷擾電話，嚴重影響生活安寧及個人隱私。

　　經過近一個月的追查發現，許某因為與林姓女同事爭奪同一個升遷機會失敗而懷恨在心，遂利用工作職務之便，使用該單位另一部門之轉接帳號，並以自己專用之電話分機，透過總機撥接上網，以林姓女同事名義上網徵求性伴侶，並將林女的電子郵件帳號及家中電話號碼公布在網路上，由於徵求性伴侶文字粗俗不堪入目，造成被害人極大的困擾。透過國內相關網路服務業者的

協助，確認與被害人服務於同一單位的許姓男同事涉嫌，而於同年六月十日破獲這起因男女同事私人恩怨，而以女同事名義上網徵求性伴侶之妨害名譽案，刑事局將全案函送檢察官偵辦。

【案例二】　一名許姓專科女同學因為和吳姓同學發生不快，於是唆使歐姓男友將吳女電話貼在GO-GO休閒網「浮聲豔影」留言版上，而且上面以「徵求持久、很大的男人」為題徵求性伴侶，吳女及其家人因不堪其擾而報警偵辦，經刑事局資訊室追查數月，並在國內網路服務業者的幫助下，發現是由歐姓男同學家中之電腦撥接上網，進而查出許女與吳女係同班同學，因私怨而設計此一電話騷擾案，此案顯然與前案出於相同的報復心態。

【解析】　案例一之許某與案例二中之歐某與許女，冒用他人名義將內容猥褻的電子郵件公布張貼於網路上之行為，除可能觸犯一般社會大眾所熟悉的刑法第三百一十條意圖散布於眾，而指摘或傳述足以毀損他人名譽之誹謗罪責，應處一年以下有期徒刑、拘役或五百元以下罰金外，還可能觸犯刑法第二百十七條之盜用署押罪；而依據：

1. 台灣高等法院檢察署及法務部檢察司研究之共同見解指出，署押除指署名畫押或簽押，其方式不限簽名一種，電子郵件帳號亦可為署押的一種方式。
2. 新修正通過之刑法第二百二十條規定：在紙上或物品上之文字、符號、圖畫、照相，依習慣或特約，足以為表示其

用意之證明者，關於本章及本章以外各罪，以文書論。錄音、錄影或電磁紀錄，藉機器或電腦之處理所顯示之聲音、影象或符號，足以為表示其用意之證明者，亦同。

稱電磁紀錄，指以電子、磁性或其他無法以人之知覺直接認識之方式所製成之紀錄，而供電腦處理之用者。

而偽造署押罪可處三年以下有期徒刑。至於許某之行為係犯一罪而其方法或結果之行為犯他罪名者之刑法第五十五條後段之牽連犯，從一重罪之刑法第二百十七條罪處斷。

二、上網公開隱私俱樂部，依然須注意是否觸法

色情網站噱頭與花招千奇百怪，竟有人將夫妻性隱私上網公告全球，日前國內出現第一個新婚夫妻性生活大公開的網站「隱私俱樂部」，其中有一名自稱「小兆」的男子在網路上公開他和新婚妻子性生活內容與照片，該俱樂部上展示著其夫妻兩人的性生活照片，包括妻子的自慰鏡頭，及部分會員提供的性交圖片。小兆並表示成立網站的目的有四：一為交朋友；二來讓網友藉由參考他人的性生活得到美滿；三是吸收網友加入會員；四是賣自白光碟片來賺錢。

而網站加入會員方式有兩種，一種是付費，另一種是交換照片，但照片一定要是性交裸照圖，並附帶背景說明，一定要自己拍攝且保證沒有侵犯他人著作權，最重要的是照片要十張以上，錄影帶須長達二十分鐘，如此可交換成為三個月的免費會員。

　　在網站上「小兆」自稱是證券公司二十五歲的經紀人，而他妻子「小珍」在外商電腦公司上班，其並強調兩人在「隱私俱樂部」公開的內容及照片絕對真實，而且是一種生活上的刺激，也是一種樂趣，同時其並在網站上擬了一分聲明，指出曾有人寫電子信上網表示懷疑網站內容的真實性，小兆表示在台灣很多人不能理解這種行為，可是目前開站沒幾天就收到不少同樣想法的情人、夫妻共襄盛舉，顯示追求刺激的人不寂寞。

　　而警方表示網站公然散布全裸做愛圖片，已觸犯刑法公然猥褻罪，至於網站聲稱網友可藉交付與伴侶或情人的性生活照片、影帶而成為會員，警方呼籲網友小心成為被恐嚇詐財的對象！

　　【解析】　「隱私俱樂部」在網路上公告全裸圖片及性愛文字，顯然已觸犯刑法第二百三十五條公然猥褻罪，散布猥褻之文字、圖畫或其他物品，或公然陳列或以他法供人觀覽者，依法可處一年以下有期徒刑、拘役或科或併科三千元以下罰金。

　　而且八十七年六月底台灣高等法院才判處「說說成人網站」之張姓負責人有期徒刑八月。

　　而且現行網路根本無法過濾上網者的年齡，而倘若網站負責人將未滿十八歲少男或少女的猥褻、姦淫照片登入網站之中，則可能會觸犯：

1. 「兒童及少年性交易防制條例」第二十七條之規定：
   - 拍攝、製造未滿十八歲之人為性交或猥褻行為之圖畫、錄影帶、影片、光碟、電子訊號或其他物品者，處六個月以上五年以下有期徒刑，得併科新台幣五十萬元以下

罰金。

- 意圖營利犯前引誘、媒介或以他法，使未滿十八歲之人被拍攝、製造性交或猥褻行為之圖畫、錄影帶、影片、光碟、電子訊號或其他物品者，處一年以上七年以下之有期徒刑，得併科新台幣一百萬元以下罰金。

- 以強暴、脅迫、藥劑、詐術、催眠術或其他違反本人意願之方法，使未滿十八歲之人被拍攝、製造性交或猥褻行為之圖畫、錄影帶、影片、光碟、電子訊號或其他物品者，處五年以上有期徒刑，得併科新台幣三百萬元以下罰金。

- 以犯第二項至第四項之罪為常業者，處七年以上有期徒刑，應併科新台幣一千萬元以下罰金。

2. 「兒童及少年性交易防制條例」第二十八條之規定：

散布或販賣前開拍攝、製造之圖畫、錄影帶、影片、光碟、電子訊號或其他物品，或公然陳列，或以他法供人觀賞者，處三年以下有期徒刑，得併科新台幣五百萬元以下罰金。

三、網路誹謗教授無實據，政大學生觸法

政大邱姓學生因不滿趙姓教授的教學及考試方式，而在電腦網路上發表「過火」的言論，指責教授抄襲學生上課摘要作為自己的論文，卻無法證明所言屬實，經該教授提起自訴，經台北地方法院判決認定涉及誹謗及公然侮辱罪，經上訴台灣高等法院則認定只涉及誹謗罪，同處拘役五十日，得易科罰金（每天以新台

幣九百元折算一日）。

　　同時淡大航太系四年級林姓學生在網路上罵校長「哈巴狗」而被記過，事後在申訴評議會中未被採納而引起學生廣泛的討論，其中所引發的問題頗值得深思！

　　【解析】　本案所謂的誹謗罪構成要件依刑法第三一○條規定：「意圖散布於眾，而指摘或傳述足以毀損他人名譽之事者，為誹謗罪，處一年以下有期徒刑、拘役或五百元以下罰金。

　　散布文字、圖畫犯前項之罪者，處二年以下有期徒刑、拘役或一千元以下罰金。對於所誹謗之事，能證明為真實者，不罰。但涉及私德而與公共利益無關者，不在此限。」

　　而依新修正之刑法第二百二十條之規定有關電磁紀錄及供電腦處理者應視同文書。因此被告邱姓學生應係觸犯該法第二項之罪刑。

　　至於公然侮辱罪係刑法第三百零九條之規定：「公然侮辱人者，處拘役或三百元以下罰金。」而此二者的區別則在於：

1.前者係指摘或傳述足以毀損他人名譽之事；而後者僅以言語或舉動相輕慢。
2.前者涉及事之真偽應有分辨；後者則無所謂事之真偽。

　　另外所謂公然是指不特定人或多數人得以共見共聞之狀況。
　　所以由以上解析可以發現淡大學生涉及是較輕微之公然侮辱罪；而政大學生所觸犯是較嚴重的誹謗罪，而此為兩校主事者在處理方式有所不同的關鍵所在之處，一併在此說明供參考之。
　　同時最近在八十八年五月有一則「上網揭發婚外情」事件，

被檢察官以電子郵件上網指摘南華管理學院蔡姓教師事件，其所述的外遇情節雖是事實，但因為事涉私德，故仍觸犯刑法妨害名譽，因而提起公訴，頗值得留意。

　　過去網路論壇或許是「化外之地」，但是經過這幾次事件後，我們可以清楚的了解到憲法保障「言論自由」，而非「言論免責」，畢竟網際網路仍然是屬於生活常態中的一個環節，所以不能自絕於法律規制之外，因此捍衛言論自由的同時，也必須釐清言必有據之道理，而非無的放矢的放蕩不羈，如此網路才能真正邁入真實人生之中，而非只是一個虛擬實境的夢幻而已！

第十三章　醫療與非醫療行為

　　所謂醫師法第二十八條之醫療行為，係指凡以治療、矯正及預防人體疾病、傷害、殘缺或保健為直接目的，所為的診察、診斷（處分、手術、病歷記錄及施行麻醉等醫療行為）及治療之結果，或基於診察、診斷結果並以治療為目的，所為的處方、用藥、施術或處置等行為全部或一部的總稱。（參八十年十二月三十一日衛署醫字第九九九一三九號、八十二年二月十九日衛署醫字第八二一六一三五函）

第一節　醫療界定與麻醉剖析

一、醫療界定

　　醫療行為的實務認定，以其內容是否暗示或影射醫療業務而畫分如次，透過以下的區分應該可以讓現行各種所謂的治療糾紛釐清其分際點：

　　1.醫療行為：針灸、電療、中醫把脈、刺血療法（放血）、注射針劑、外傷縫合及換藥、使用吸引器將胎兒吸出之手

術、量血壓、施行麻醉、裝配隱形眼鏡、藥酒推拿按摩、洗牙、洗眼睛及點眼藥、使用電動理療器、復健、女子美容院設置三溫暖及浴室兼營全身美容以紅外線照射、換膚、更皮術等影響人類身體結構及生理機能的行為，以儀器設備為近視者作物理按摩以回復視力、穴道按摩、病理指壓、指壓袪病及磁鐵構造物對人體之按摩。

2. 非醫療行為：斷食療法端視有無為病人診斷情事、建議使用健康食品、穿耳洞、性入珠、手指受傷之消毒與包紮（如涉及擦藥及換藥則屬醫療行為）、設攤為人點痣、美容師之紋眉、紋眼線及紋身、單純刮痧而無治療、傳授內功道術方法而無為人治療陽萎早洩（以上如另有麻醉、診斷、預防、治療之行為則屬前開之醫療行為）。

至於台灣高檢署暨各檢察署研討決議認為「抽血檢驗」與「量血壓」非屬醫療行為，且所謂醫療行為之認定，係指基於醫治或治療時直接涉及可使病情變化之行為而言以觀，在適用上須特別注意。

同時針對處方未註明用法致病患服用後昏迷不醒，檢方亦推翻衛生署醫事審議委員會之鑑定結果，已逐步喚醒社會大眾對於醫師與病患間之醫療糾紛在過往社會及專業地位懸殊的角色下，必須重新換一個角度去釐清並減少糾紛發生之契機。

就以一般產婦為例，原本可以自由選擇「無痛分娩」，但卻經常會被醫院以各種理由搪塞；究其原因是此項技術的係極為專業的技術，所以必須受過嚴格專業訓練的麻醉醫師才能勝任。同

時因為其主要是採連續性硬腦膜外止痛方式進行，而此係以一微細膠管埋置於腰部脊椎硬膜外腔裡（僅有3％失敗率需重置或調整），而透過連續注射微量止痛藥物，以減輕或鈍化產痛覺，所以既不影響運動神經功能，亦不影響子宮收縮，所以不會影響產程，還可讓子宮胎盤的血流量減少，進而改善胎兒氧氣供給及子宮收縮失調現象，因此麻醉醫師從打下第一針開始，就必須隨侍在側，直至胎兒生下來，所以當婦女懂得要求選擇時，醫院便必須加以克服麻醉醫師不足的問題，以提高順產的機會。

二、麻醉剖析

國人平均壽命延長，新生兒存活率提高，造成外科手術病人年齡兩極化，且複雜性也大為增加。

然而各種手術幕後鮮為人知的守護神——麻醉醫師常被人們所忽略遺忘。在台灣，一位麻醉專科醫師的訓練是要在衛生署認可合格的訓練醫院經過四年嚴格的住院醫師訓練，再經衛生署的考試及格後取得專科醫師執照，才可獨立作業，而且以後每五年要積滿二百五十個再教育學分才能繼續執業。

就臨床麻醉而言，整個麻醉在病人手術的前一天晚上就開始。首先的麻醉前訪視，就需了解病患整個的身體狀況，進行一個完整的評估，並告知病患手術麻醉狀況及可能發生的危險，讓病患充分的了解，減低心中的恐懼。同時，要在晚上做好初步的麻醉規劃，次日早上和所有的同仁一起開會討論，尤其狀況複雜的病患。（註）

一般而言，麻醉方式大致分爲以下七種類別：

■ **神經阻斷術**

目前主要使用於上肢手術。是將局部麻醉劑直接注射於支配手術部位的神經，安全度高，但需要一些特殊技巧。

■ **脊髓麻醉**

就是俗稱的半身麻醉，使用於下肢或下腹部手術，但是對於有出血傾向、不能合作或腦部有疾患如腦壓高者不適合，且手術後需平躺六至八小時，以免頭痛。

■ **硬脊膜外麻醉**

類似脊髓麻醉，頭頸部以下之表淺手術及骨科手術均可使用，但其肌肉鬆弛效果較差，局部麻藥之劑量也較大，較易過量，引起神經或心臟之毒性。若放置導管時，則可使用在較長手術，可隨時加藥，或用來做手術後止痛，也可和全身麻醉合併使用，以減少全身麻醉的劑量，且利於手術後止痛。

■ **區域靜脈麻醉**

適用於四肢，尤其是用於上肢手術，簡單安全，但多只能用於較短（一小時內）之手術。

■ **靜脈鎮靜麻醉**

適用於半小時左右的小手術或門診小手術。

■ **全身麻醉**

適用於所有手術，但使用的藥物種類多且複雜，故必須有良好安全的生命監視系統，如心電圖、血壓、血氧飽和度、體溫及吐氣末端二氧化氮濃度等，以便隨時觀察病患的生命現象。

■ **監視麻醉**

　　對於病患狀況十分危急，又必須做一些維持生命之手術，如氣管切開術等，協助外科醫師對病患任何突發的狀況行急救工作，以維持病患的生命。

三、麻醉須知

　　中華民國麻醉安全保障協會爲避免不當麻醉所造成的傷害，公布「麻醉十誡」提醒國人注意，而此便是最佳的醫療公關示範：

第一誡：即使是合格的醫療院所，並不能保證麻醉安全，因爲衛生署尚未對醫院麻醉設施有任何規範。

第二誡：除非表明聘有麻醉專科醫師，民眾避免至婦產科、整形外科及小醫院接受麻醉。

第三誡：醫學中心及大醫院不能保證麻醉安全，大醫院也有疏失。

第四誡：自稱「麻醉師」者，必爲密醫。

第五誡：無麻醉醫師在場，而獨立施行麻醉的「女性」，九成爲密醫。

第六誡：綜合醫院以下的各醫療院所，未表明麻醉醫師身分的（男性），有可能是密醫。

第七誡：不要相信手術醫師所說類似如下的說明：「手術中讓你睡一下就好。」因爲麻醉設施不足或非麻醉專

科醫師施行的麻醉，有可能「一睡不起或從此長睡」。

第八誡：有聘用麻醉專科醫師的醫療院所並不一定保證麻醉安全。

第九誡：維護醫療消費權益，應慎選麻醉醫師。

第十誡：尋找專業協助，才能保證麻醉安全及品質。

若有疑問可諮詢麻醉安全保障協會，電話：(06)2830112，網址：http://www.anesth.org.tw。

第二節　醫院責任區分

首先，醫院法人基於其身為法人組織，就其營業內容，對病患應負有提供充足完善、適任的醫護或非醫護人員的注意義務，並應盡適當的注意選任、監督及維持該等人員的適任；除此之外，尚應維持醫院建物及設備的安全，符合衛生法令的要求。

其次，原則上雖然行為人僅就自己的行為負責，但在現代法律體制下，行為人對於其受雇人的行為，亦係行為人因營業或社會活動所必須負擔的風險亦須加以負責，此乃著眼於損失的適當分配。

因此醫療院所之院長不僅應為非專業人員的受雇人行為負雇用人責任，同時更應就院內專業人員的疏失，負起更高的行政監督責任；亦即，舉凡醫療院所中受雇人有故意過失致侵害病患生命、身體健康而造成任何程度損害時，醫院法人均須對病患依侵

權行爲或契約責任負起賠償責任，因此醫療公關上必須將此風險的訊息教育醫院主管，否則一旦面臨危機時，只會像今日許多醫療院所的規避措施所造成之負面效果。

　　例如主治或主任級醫師統籌整個醫療程序，有權並有義務監督、控制團體中他醫護人員的行爲，則該醫師原則上應爲團體醫療中他醫護人員的行爲負責。除非他醫護人員的工作內容極具專門性而與該醫師有分業關係，基於信賴原則，應不得認爲主治醫師有過失；否則若係因主治醫師未能適當分配團隊中醫護人員的工作及責任，或者主治醫師明知或應知團體中有醫護人員有輕疏或不適任情形，卻未採取任何防範行動來保護病患，對於該執行業務不當所造成的損害，主治醫師便不能推卸責任。

　　另外對於傳說中部分教學醫院的醫師有收受紅包、對病人術後缺乏妥適照護的情形，筆者原本只是道聽塗說而未加以採納或細究，但在身歷其境後，特爲文鞭伐之。

　　然而此種草菅人命的無法無天作法，如確屬存在，則顯然罪大惡極，也是醫療公關最大的致命傷害。

　　基於現行社會經濟活動的快速發展，因此醫療契約責任乃有愈形擴大之趨勢，所以此一範圍之公關考量必須針對醫療關係給付義務之內容考慮，除了當事人約定的主給付義務外，尚包括從給付義務（例如醫療法第五十一條轉診義務、同法第五十八條病情的告知等）及基於誠實信用原則所生之附隨義務，此點將與侵權責任相互呼應。

　　我們將在下一章中就醫療糾紛實務案例分析，從衡量個別的經驗、技術與身體機能的差異困難性，而對於醫療過失之有無，

除明顯疏失外，均以醫事審議委員會的鑑定作爲判定醫師過失責任的基礎，而非專以醫師個人的主觀考量作爲歸責之事由；另外並輔以當時醫療知識水準作爲注意義務基準來畫分。

當然，如果該醫師係某科別的專科醫師，基於信賴原則，則應以該專門科別應具備的技術、能力爲其注意義務的判斷準則。

倘若讀者對於醫療生死的疑問及一些人生觀照有興趣的話，請參閱拙著《台灣生死書》（聯經出版社發行），或許能一釋心頭窒礙，重新思索醫療的公關使命。

最後必須提醒不同醫療機構的醫師，應著手建構如何建立溝通與信賴的訊息，以避免醫療再諮詢的醫療浪費；因爲唯有資訊分享，才是醫療公關最大的尊重與專業！

註：汪志雄，《聯合報》醫藥版。

第十四章　醫療責任之危機原因

　　事實上「預防重於治療」的觀念，並未眞正落實於今日的醫療健診當中，這點可從筆者實際的訪查市立醫院得到印證，例如小兒健診，各級市立醫院的醫生對於父母帶小孩來健診感到好笑和一問三不知的情況下，難道衛生主管機關沒有眼睛或時間親自去訪查嗎？只要主管機關放下身段親自到各醫療院所進行查察，即可知一般小兒科醫師草率的檢查與敷衍行事，甚至有些醫護人員會質疑家長爲何要帶小孩來作健康檢查。

　　這種完全忽視的作法行之已久，卻從未見有人反應質疑，或者曾有反應卻無人理會，而這種醫學教育及管理實在是我們社會的怪異現象的一環！

　　經由以上的一些小小問題，不難知道問題的存在其實非常的明顯，只是主管機關根本忽視，就像今日健保收支發生問題，但追根究底難道只是醫療濫用？還是有人謀不臧的問題呢？舉一個簡單的例子，像感冒開立普拿疼時，病人拿到的都是治療疼痛的普拿疼而非治療感冒的普拿疼，而這兩種藥的差價相差達幾元，試問健保局有無針對醫院所申報的究竟是甚麼藥而查核呢？

　　其次像新興的內視鏡手術，已從婦科、消化道的腹腔，擴展到胸腔、神經及腦部腫瘤手術，但因爲這是一項必須擁有完整訓練、高度技巧和臨床經驗的手術，卻因爲處理不當而引發合併症

的現象，已逐漸取代麻醉不當，究其原因，實因此新的手術技巧的專業性被部分醫師忽略所致。

近年來由於醫療政策與保險政策影響醫院之經營，因此設立及強化幕僚陣容為大多數醫院之共識，其次提高病人滿意度及成本分析控制更為普遍重視的經營重點，而經營主體不同的公私立醫院，其幕僚部門設置便有著顯著的不同：

1. 公立醫院仍是一個行政體系架構色彩甚濃的組織，除醫務副院長、秘書室及輔助性幕僚與私人財團法人醫院較類似外；缺乏行政副院長、企劃組織等設置，因此組織便顯現僵化，幕僚陣容亦十分薄弱，所以將面臨無法因應外界環境變動的調整危機。

2. 私立及財團法人醫院則有擺脫約制而展現自主性強的特徵，其次幕僚設置靈活，一切注重績效管理；行政副院長、秘書室、企劃部門則隨著醫院規模及評鑑等級而相對增加，且有逐漸增加的趨勢；同時院長室、企劃幕僚部門則扮演主要企劃及公關的功能。

不過因為現行醫院本身仍對法律輕忽，因而將法律事務以聘請法律顧問的方式單向處理，但是聘僱後卻將之束之高閣，而未切實的運用，反倒成為醫院裝飾的公關敗筆。

第一節 案例解析之一——盲腸炎延誤醫治案

盲腸炎即一般醫界習稱之闌尾炎，近年來病患年齡上升，而

不再只是以往教科書所稱的二十到四十歲的年輕人。

　　然而近來部分醫療院所認為全民健保的給付不合理，而均以抗生素的敷衍方式來治療闌尾炎，而未採取有效的開刀手術，使得疾病本身發生許多變異，造成後續醫生幾乎難以判斷症狀，其案例有：

　　【案例一】　老婦人反覆性發燒和腹瀉，與以往認知的闌尾炎症狀不同，幸賴追蹤病史和相關檢查才撿回一命。

　　【案例二】　懷孕多月的孕婦，送到醫院時症狀像傷寒（實際卻為盲腸炎），後來竟出現敗血症和多重器官衰竭的現象。

　　【解析】　對於延誤病情的治療所造成的結果，依據法律之相當因果關係說，則該名醫師前置的處置即屬病人致死的重要原因，將不得不依法負起業務過失致人於死（或傷害）的罪責；這點在醫師職責的自我判斷上，必須注意「仁心仁術」的重要關鍵，而不要忽略「人命關天」的醫療使命，同時健保不給付絕非治療缺失的藉口，否則除必遭法網難逃的命運外，一輩子良心的不安，必將如影隨形的煎熬與遺害自己的下一代。而所謂相當因果關係：

　　1.係指依經驗法則，綜合行為當時所存在之一切事實，所為客觀之事後審查，認為在一般情形之下，有此環境、有此行為之同一條件，均可發生同一之結果者，則該條件即為該結果之相當條件，而行為與結果即有相當因果關係。

　　2.反之，若在一般情形下，有此同一條件存在，而依客觀之

審查，認為不必皆發生此結果者，則該條件與結果並不相當，不過為偶然之事實而已，其行為與結果間即無相當因果關係。此亦即凡可認為係違反或偏離常軌者均屬與該條件與結果並不相當的情形。

如果觸犯業務過失致人於死者，依刑法第二百七十六條第二項規定，是處五年以下有期徒刑或拘役，得併科三千元以下之罰金，一併在此敍明。（本文並刊載於《認真美麗》雜誌）

第二節　案例解析之二──大量出血致死案

高雄長庚醫院兒童外科謝姓醫師在八十四年十月二十二日為李姓病童作總膽管囊切除手術，手術近四個小時後送回一般病房，卻沒有注意病童有無其他病徵出現，也沒有為李童作聽診、驗血、量胃腸蠕動音及照Ｘ光等必要的醫療行為，且其在巡視病房時，聽到家屬訴說病童俯趴床上，腹痛難忍，謝醫師卻只告訴家屬為病童的肚子抹萬金油，除有延誤醫治死亡外，病童家屬向他反映時又未及時有效處置，致病童在術後第三天因突發性腹內出血死亡，高雄地院審理兩年，並送請高等法院檢察署法醫中心及衛生署醫事審議委員會鑑定四次，一致認定：「如果發現得早，病童不會死亡」；所以謝醫師應負過失致死罪責，判刑一年六個月。

【解析】　法官在判決理由中指責被告謝醫師忽視醫師應有的醫療道德良知，因為他自始至終堅不認錯，使得頓失幼兒的家

屬還要再一次面對親生骨肉被解剖的慘況，眞是情何以堪？而且事後謝醫師又鮮有慰問家屬，只推由長庚醫院行政人員應付了事，至今二年多來，除毫無任何補償的動作外，且其在偵審期間，也一再推諉塞責，實有失醫師應有之職業道德。

其次法官在判決理由當中強調，被告一再反駁這些鑑定報告，然而醫事審議委員會的成員都是醫學專家，且以往一直被外界質疑「胳臂往內彎」，並被懷疑其公正性與妥當性，然而本件自始至終都認定長庚醫院和醫生有責任，因此其鑑定當無任何故意偏頗的情形存在；而在此判處刑法第二百七十六條第二項業務過失致人於死罪責，其刑度爲五年以下有期徒刑或拘役，得併科三千元以下罰金。

筆者認爲其態度、事後之悔悟均無，而仍照一般慣例宣告緩刑，實無法收到社會教育的意義，雖然醫療存有許多不確定的因素是無庸置疑，但是知錯拒改，其罪當誅，法院之判決筆者實無法苟同，當然這在醫療公關上已立下最差的示範。

以上這些問題如果能夠預先防範的話，應該可以避免悲劇的產生，如今卻因嚴重疏未注意防免檢驗致生傷亡，如果此點均要如其兒童外科部莊主任的說法，而一律適用民事程序的話，恐怕未來病人的權益將遭受嚴重的威脅，就如同和信治癌中心醫院院長黃達夫在《用心聆聽──黃達夫改寫醫病關係》的新書發表會中直陳國內醫師太重績效的結果，已影響對病人的照顧，忽視病歷，簡略麻煩的檢查，此亦即影響疾病早日被診斷的危機。

而再觀謝醫師的作法及對醫事審議委員的質疑態度來看，其推諉卸責之情已溢於言表，這點實在無法讓社會大眾所苟同，因

為如果醫師的出發點是為病人好，那麼對於手術後的一些突發狀況，便應該主動詳加追蹤與檢驗，以便及早發現儘快診治，而非只是漫不經心地告訴病童家屬為病人塗抹萬金油，不是嗎？

其實這類案件在現行社會中屢見不鮮，醫師如果不能將醫療當成一種職志來用心經營的話，許多的醫療糾紛勢必一而再的發生，最近本所積極參與衛生署之「醫療糾紛調解與仲裁條例」之制定，一方面希望能夠透過醫者本身的良知與案件的分類來讓醫療糾紛簡單化外，另一方面也希望醫師能夠在不用動輒得咎的情況下，好好的醫治病患，這也是一種無上的功德呀！

第三節　案例解析之三──麻醉不當致死案

這件醫療糾紛發生在八十七年五月二十八日，長期居住在國外的王姓男子，從友人處得知鄭姓醫師而特地帶其楊姓妻子返國，於復興南路二段之「□□性諮商治療中心」進行陰道整型手術（colporrhaphy），鄭醫師指示護士為其注射麻醉藥劑後，正準備進行手術，卻發現楊女因喉嚨肌肉閉鎖導致呼吸困難、嘴唇發黑，但因診所無急救設施，而立即將楊女送至仁愛醫院，雖在呼吸器下暫時維持生命，但延至六月三日不治，初步研判窒息死亡，經檢察官以偵字案件進行偵辦中！

【解析】　其實今日醫療糾紛已經是十分普遍的情形，究其原因乃在於許多問題的發生是極為突然和不可預測的，因此在探究醫療糾紛的處置上必須要鑑古知今，其要點如次：

1.鄭醫師所使用的麻醉藥劑是否會引起過敏性休克？

2.死亡的原因究係氣管炎合併肺炎、缺氧性腦病或過敏性休克所致，此處必須先予以究明清楚。（七十一年台上七三五五號）

3.鄭醫師所在之「□□性諮商治療中心」究竟是專科醫院還是診所？依該名稱來看依醫療法施行細則第十條之規定，應屬診所性質。

4.醫院或醫師要求病人簽署之手術及麻醉同意書，如未與病人或其家屬清楚地講解手術過程及麻醉可能引發的問題，並對病人體質作完整的檢驗，該同意書並無法作為卸責的依據。

5.若以墮胎、婦科整型、治療性機能或性能力為不當宣傳者，依醫療法第七十七條得處一個月以上一年以下停業處分或撤銷其開業執照，並得由中央主管機關撤銷其負責醫師之醫師證書。

6.婦產科診所設置外科手術室，應依照綜合醫院、醫院、專科醫院設置標準，並應有急救設備。而陰道整型手術基本上應在醫學中心、區域醫院及地區醫院中進行；此點則涉及是否違反醫療法的疑問？

7.另外其實施麻醉時係指示護士或者完全交由護士，則其所負責任亦有所不同。而且此項事件的發生有無應注意能注意之事，而存在疏忽的情事，將在確定死亡原因後會有更明確的答案，故不在此分析（參七十二年台上三七二七號）。

8.就醫師因醫療疏失所造成病人之損害，病人如欲提起專業
  疏失訴訟（malpratice action），以現行美國法為例，基
  本上應符合下列要件：(1)醫病關係存在的必要性；(2)專業
  義務履行之違反；(3)受害與醫師專業疏失有因果關係存
  在；(4)病人因此而有身體之實際損害發生。

9.另外便是案發後相關病歷記載之補登是否與當時相符，否
  則將另涉及業務上登載不實及偽造文書之相關刑責。

第四節　案例解析之四——麻醉不當受害案

　　醫療糾紛再添一椿，這起因為麻醉所導致的醫療糾紛發生於
八十五年間，何姓女子在台北市立□□醫院婦產科診斷出有子宮
肌瘤，並於十二月十七日接受摘除手術。而該院麻醉科傅姓主治
醫師為何姓病患進行子宮肌瘤摘除手術之麻醉時，因未充分了解
病患對於插管行為是否會有異常反應，導致病患手術後長期昏
迷，至今只能以呼吸器維持生命，八十七年五月二十日被台北地
檢署依業務過失傷害罪嫌起訴。

　　此件醫療糾紛發生後，由於病患本身是農委會知名技士，病
患丈夫也是某知名國立大學的畜牧系教授，因此在國內醫界引起
相當大的爭議。

　　【解析】　本件意外的發生就是在手術進行時發生，傅姓麻
醉科主治醫師先對何女供給氧氣，並裝上血壓計、心電圖等檢測
儀器，並從靜脈進行麻藥注射，麻藥發揮作用後，傅姓醫師即進
行插管給氧；不料兩度在插管時，誤將塑膠管插進食道，導致何

女缺氧，雖然耳鼻喉科醫師緊急進行氣管切開手術，但何女仍因缺氧過久昏迷不醒，至今仍需仰賴呼吸器，何女丈夫向台北地檢署提出告訴後，檢方除將全案移送行政院衛生署鑑定，也多次傳訊進行手術的醫師、護士到案說明，傅女到案後指稱，她之所以未在手術進行前一天親自訪視病患，而在開刀前詢問病患以往病歷，主要是因為在手術前一天並未收到麻醉照會單，才會比照緊急手術的麻醉流程，依照病患以往病史在程序單上蓋章；並辯稱因為何女軟骨擋住氣管，才會發生誤將塑膠管插進食道一事。

全案偵查終結，承辦檢察官依照衛生署鑑定報告，認定傅醫師在麻醉前並未充分了解病患喉部構造有無異常，確有疏失，故仍依刑法第二百八十四條第二項業務過失傷害罪嫌將她提起公訴；依法業務傷害處一年以下有期徒刑、拘役或一千元以下罰金；而業務重傷害者，則處三年以下有期徒刑、拘役或三千元以下罰金。

至於同時被家屬控告的五名醫師、護士，則因未直接參與麻醉工作，被檢方認定罪證不足獲不起訴處分。

本案的發生讓筆者實在感動憂心忡忡，因為現在的醫院手術麻醉，是否仍然我行我素的未充分注意麻醉的危險性。

因為根據了解，儘管手術有大、小之別，但麻醉卻無大、小之分，而只有全身、半身之別，不過其所存在的危險性卻是相同的，因為它主要是讓神經功能暫時被阻斷，患者這期間的一切反應完全沒有自主，而且每個人的體質、狀況不同，麻醉品之種類、劑量的使用、時間掌控就是門大學問，例如：(1)空腹時間不足；(2)有無經常喝酒、咖啡、抽菸等需較大劑量；(3)有無患肝、腎病

需減少劑量；(4)有無潛藏心臟、血管方面的疾病；(5)藥物過敏反應；(6)家族有人曾因麻醉引發惡性高燒等特殊體質之情形。所以如果現在醫院主管對此再未作好防範的處理，而因此發生醫療事故，則亦應連帶受到處分，故特別在此一併提出供實務參考。

另外根據筆者訪查各醫療院所，而與部分麻醉醫師訪談的結果，發現健保給付項目中，對於手術並無單獨列入麻醉給付，所以使得麻醉醫師十分不平，因而只得另闢財源去兼差賺外快，因此目前醫療院所之麻醉醫師欠缺，而只得由外科醫師自行兼代，或由護士來擔任於法無據之麻醉師，這類作法已嚴重影響醫療品質，而主管機關顯然無法再予坐視，否則即有虧職守，一併在此提出鄭重的呼籲！

同時最近高雄整形外科又發生一件疑似麻醉不當致死的案件，這些警訊已經開始在點燃問題的引爆時程，衛生主管機關不能再坐視不管，否則亦難辭其疚！

第五節　案例解析之五──醫師誤診致死案

年僅三歲半的許姓兒童，因為半夜高燒不退而被家長送往某知名醫院就診，陳姓住院醫師診斷許童為上呼吸道感染，而給予化痰、退燒等藥物，不料許童返家後，又陸續出現臉色蒼白、腹瀉、嘴唇發紫等症狀，其母緊急再送往同一醫院，經其他醫師診治認為情況不對，而移送至加護病房，不料幾個小時後，許童仍然因為肺炎鏈球菌感染併發敗血症、腦膜炎不治，被檢方偵結以業務過失致死罪起訴！

【解析】　本案的問題便在於醫師根本未落實病症的確實檢驗工作，或許醫師會說：「如果檢驗毫無結果，健保將不給付，所以身爲醫師才憑空（根據主訴症狀）來判斷下藥。」試想此時「視病猶親」的傳統醫學倫理觀，爲何在此時卻蕩然無存呢？誰無父母？誰無子女？爲何「醫者父母心」卻無法「將心比心」呢？

至於現行醫療過失之實務認定，基本可細分爲：⑴診斷錯誤；⑵治療錯誤；⑶給藥錯誤；⑷延誤醫療時間；⑸引發病人過敏反應等五類。而依案情分析來看，許童因爲肺炎鏈球菌感染併發敗血症、腦膜炎不治，應爲死因，而非病因。至於其本身的病因顯然與死因存有因果關係，因爲如果其能透過適當的檢驗來輔助正確判斷病童之病因，即可對症下藥而給予適當的治療，即不致引起病童之敗血症而死亡之結果，應無疑義。

倘若爲一般診所，在對於病患診療時，如發現其狀況嚴重而又無法給予治療或診斷時，卻未盡其醫療專業建議，轉診到可給予適當檢驗、治療的醫療處所繼續治療者，亦屬應負業務過失之責。同時在八十七年三、四月間，一位十一歲大的女嬰，又因感冒就醫卻疑似用藥不當（因藥含阿斯匹靈而導致肝腦病變的悲劇）引發致命性的「雷氏症候群」而昏迷至今半年，頗值得家長與醫界留意。

因此醫療品質與醫病關係的建立，則首重在互信的基礎，然而試問這種互信關係何時才能眞正建構起來呢？

附錄　現行醫療法規之適用

■ **食品衛生類**

　　1.食品衛生管理法、施行細則暨解釋。

　　2.食品衛生標準。

　　3.食品添加物使用範圍及用量標準。

　　4.食品業者製造調配加工販賣貯存食品或食品添加物之場所
　　　及設施衛生標準。

　　5.健康食品管理法。

　　6.營養師法。

■ **保健類**

　　1.菸害防制法。

　　2.菸害防制法施行細則。

　　3.優生保健法及施行細則。

　　4.精神衛生法及施行細則。

　　5.施行人工流產或結紮手術醫師指定辦法。

　　6.人工生殖技術倫理指導綱領。

　　7.產前遺傳診斷暨檢驗機構管理辦法。

　　8.人工協助生殖技術管理辦法。

　　9.施行人工協助生殖技術機構評估要點。

　　10.性侵害事件醫療作業處理準則。

■ **藥政類**

　　1.藥事類：

- ・藥物製造工廠設廠標準。
- ・藥事法暨解釋。
- ・藥事法施行細則。
- ・優良藥品製造標準。
- ・優良藥品調劑作業規範。
- ・麻醉藥品管理條例。
- ・麻醉藥品管理條例施行細則。
- ・藥品優良臨床試驗規範。
- ・藥品非臨床試驗優良操作規範。
- ・藥品非臨床試驗安全性規範。

2. 藥師類：

- ・藥師法。
- ・藥師法施行細則。
- ・藥師從事中藥製劑之製造、供應及調劑須修習中藥課程標準。
- ・藥師執行中藥業務管理辦法。
- ・藥劑生駐店從事中藥之買賣及管理須修習中藥課程標準。
- ・藥劑生資格及管理辦法。

3. 化妝品類：

- ・化妝品衛生管理條例。
- ・化妝品衛生管理條例施行細則。
- ・化妝品製造工廠設廠標準。

■ **防疫類**

　1.傳染病防治條例。

　2.傳染病防治條例施行細則。

　3.後天免疫缺乏症候群防治條例及施行細則。

　4.外國人聘僱許可及管理辦法。

　5.預防接種受害救濟要點。

　6.檢疫法規彙編。

- **醫政類**

　1.醫療法及施行細則。

　2.醫師法及施行細則。

　3.人體器官移植條例及施行細則。

　4.職能治療師法及施行細則。

　5.護理人員法及施行細則。

　6.醫師懲戒辦法。

　7.物理治療師法及施行細則。

　8.營養師法及施行細則。

　9.助產士法及施行細則。

　10.中醫師檢覈辦法。

　11.醫事人員檢覈辦法。

第十五章　危機處理及基金募集之公關

　　談到危機處理，很少有人會聯想到非營利團體，但是像醫療院所之榮總事件、宗教被控詐財事件以及學校校長被控侵犯著作權事件，每一件都涉及危機意識的建立，當然更涉及法律公關的參與。

　　因為一個以社會服務為宗旨的非營利法人，如果懂得公關的重要性，那麼對於募款、基金運作都有如虎添翼的相乘功用；否則這些非營利團體在故步自封的環境中，必將因為無法獲得外界的奧援，最後走向彈盡援絕的窘境。

　　尤其非營利機構和一般企業有所不同，因為企業強調的是利己，而非營利機構則是利他。所以在面對時代的競爭下，我們要明白非營利機構亦要像企業一樣講求經營之道，否則必將如前所述的陷入困境；但是切記不可為追求資源，而忘卻利他、服務之本質。當世上許多服務都可以以貨幣價值來衡量時，唯有「關心與奉獻」是不可以金錢來計算或衡量其價值的。

　　而在為非營利募款時，捐錢與籌錢同樣的重要，因為施力點在於如何把握潛在目標個人興趣這個層面，因為你可不能向目標對象直接尋求，而應透過周邊的人脈網絡突圍反包，以便試驗出是否可向目標尋求的可行性，如果沒有這些佈局，相信你絕無法獲得所欲達到的目標，而國內目前的一些基金籌募也正巧面臨這

個棘手問題而仍不自知原因所在！

第一節　醫療危機處理示範

　　依據「危機管理處理模式」的策略，來診斷前述醫療糾紛處理之公關技巧。

一、議題管理階段

　　如何設法界定新聞媒體、民眾對此醫療糾紛可能影響到醫院的潛在議題，以便及時動員協調企業的內外資源，形成一種解決策略，並進而影響議題的發展，使醫院在消極方面避免因議題而受害，而非由同是醫院的主管提出掩飾，或者主事的醫師一再藉詞強辯；在積極方面，因議題被納入管理而受惠，透過社工進行安撫及內部評估責任的歸屬，進而出面澄清醫院的處理方式。

二、規劃預防階段

　　第二階段是延續上一階段界定危機後所做的預防工作，當醫院偵測到某項危機即將發生，則必要的預警系統就要開始進行，因此這個階段是整個危機處理的前哨站。有幾項工作是在這個時期必須加以進行的。

■ **榮總電腦斷層掃描儀之檢查過程之感染控制疏失原因**
　　顯影劑瓶、細管接下方之強力注射器、三段導管（由強力注

射器回抽後導入顯影劑下的螺旋管、下段長直接管、短接管接病人手上的靜脈注射頭；管與管間有開關閥）。

■ **責任區分**

以上藥品容器之更換未切實操作一人一套之規則而重複使用，以致造成病人受到傷害之責任區分：

1. 究竟是否依照操作手冊，如是則屬產品本身製造的瑕疵責任；責任為製造商（進口商），此點應即提出說明。
2. 如果操作手冊說明無誤，而係醫師本身的偷懶，則僅是該實施醫師個人的責任；而監督之主治大夫應負監督不周之連帶責任，立刻下達懲處指令。
3. 如果是根據該科主治大夫共同決定，並經主任核可的話，則責任的歸屬應該是主治大夫，而主任應負監督不周的連帶責任，至於操作的一般醫師因係秉承上命（由於係受學習指導），則不應加以歸責一般醫師。

■ **榮總案例責任歸屬**

檢方起訴認定：(1)進口未經衛生署查驗核可之器材者，應依藥事法七十四條將進口貿易商老達利貿易公司負責人移送法辦；(2)放射部主任具體求刑三年二個月、放射部主治大夫具體求刑二年六個月、放射部住院大夫求刑一年十個月；並特請宣告緩刑五年。

三、危機階段

這是危機真正爆發的階段。臨此階段,除非事前有萬全的準備,否則醫院將沒有任何主控危機的權力,進而淪為待宰的羔羊,因為媒體一方面接受醫院的訊息,另一方面也同時承接不利於醫院的消息,尤其當廣大民意形成對企業不利的態度時,醫院就必須防範這些消息對本身的傷害究竟會發展到何種程度?千萬不要為抹平事件而反造成家屬或媒體的反感!

此時有三點是必須要做的:

1. 迅速評估醫院對此危機的反應立場和處理方式。
2. 儘速防堵負面的報導,並且及時將醫院處理危機的作法告訴新聞界。
3. 將醫院的訊息轉達給重要的對象,並尋求公正的第三者支持與協助。

四、後危機階段

危機的高峰期過後,不管處理適當與否,一般醫院都希望趕快脫離危機的陰影,回到經營的正軌上,因此常常忽視了危機後期的「收尾」工作。

然而這個時期的媒體報導可能仍在持續(例如榮總院內感染事件落幕後,報紙仍繼續針對醫療制度、管理缺失乃至醫療法規

的缺失等問題，作深入的分析和批評），因此醫院有必要對受損的形象作一番補救，而最好的方式便是大刀闊斧的將全院診治流程作一次檢討，並設法擬訂流程來管控，避免任何隱藏的問題再度萌芽；同時透過媒體提出具體的作法來扭轉形象，以便重新建立主導的地位，而非粉飾太平的駝鳥心態。

第二節　非營利財團法人之規劃

一、非營利財團法人之公共關係室職掌

非營利財團法人較為具體的例如前述之醫院，還有學校及基金會的組織，而這類組織由於型態的不同，所以各有其不同的思考模式，不過這類法人的公關職掌，確有著異曲同工的範疇必須加以釐清，因此本文將透過簡單的組織、推動及關係建立三個層面來闡述其中的關鍵因素，希望能提供一些可供參酌的軌跡。

㈠公共關係之建立與策進

1.國內外人士參訪之安排與接待。

2.財團法人各類簡報制式化規劃。

3.相關新聞資料切實蒐集與發布。

4.新聞媒體資料之蒐集與聯繫。

5.各種活動紀念品之設計與委製。

6.參與各項社區活動及相關會議。

7. 活動來賓名單之簽擬及請柬、謝函之簽發。

8. 與政府機構、民意機關、事業機構、學校、學術、宗教及一般社團組織等公共關係之策進與聯繫。

㈡籌募基金之推動方式

1. 籌募計畫之研擬與推動。

2. 籌募對象之研擬與聯繫。

3. 基金募集之徵信與運作。

4. 熱心捐助之感謝與表揚。

㈢財團具體可行的方式

1. 透過公眾需求反應之調查,以及醫院本身開放式的自我推銷與介紹,如此雙管齊下才能眞正的落實公關。

2. 了解公眾需要、本身定位,以方便經營管理層級的規劃,同時作好社區服務的反饋措施以提高認同之感。

3. 財團管理階層務期落實正確合理的服務水準以爭取信賴,提供更多社會關懷將是財團人性化的最佳公關。

4. 針對所面臨的各種問題,擬訂各種溝通及相應之道,絕不能推諉卸責,否則問題所衍生的糾紛將會擴大。

5. 與媒體保持良好的互動關係,以便在需要時發揮第一線的機動反應力,否則當問題發生時將會面臨困境。

6. 讓消費者直接參與醫療管理基金,直接作出決策,並透過定期與不定期消費建議來徵求公眾對問題看法。

二、非營利組織行銷活動

　　希望非營利組織行銷活動能獲得成功，創意是不二法門外，必須具備三項基本要素及六個計畫步驟。（註）

㈠三項基本要素

　　1.應建立以消費者需求和欲望為導向的組織意識形態。

　　2.有效地使消費者接觸到非營利的行銷組織結構，並能讓其因親身實際的參與活動，而積極熱心地投入公關行銷。

　　3.擬訂具體的行銷計畫，使經營者能夠確認追求期待目標，以及擔負起活動計畫中的公關策略及組織活動成敗的責任。

㈡六個計畫步驟

　　1.蒐集廣泛的系統事實基礎。

　　2.明白列出問題點和機會點。

　　3.陳述出具體的目標與願景。

　　4.發展實際可行策略與行動。

　　5.籌措資源編列並執行預算。

　　6.預估進展狀況和組織願景。

　　透過以上的規劃後必須讓投入的義工產生一種使命，而非被動式的去指定或要求義工做事，這點在現行的部分財團法人仍存

在著這種錯誤的非營利公關理念,而這種狀況如不思考改善的話,勢必讓基金會的組織日益萎縮,因為參與感已經不存在時,最後基金會的發展願景必也將走上夕陽餘暉的一途,此點不可不慎思之。

三、基金會設立之主管機關

財團法人基金會依我國民法第五十九、六十及第六十一條之規定:「包括捐助行為之捐助章程、主管機關之許可(參以下詳細說明),以及向法院辦理登記三個步驟」。

基金會之中央主管機關及其主管業務範圍如下:

1. 內政部:宗教、社會福利、社會救助、民政、地政、職業訓練、建設、都市計畫、選舉。

2. 國防部:國防、邊防、保防。

3. 經濟部:經濟技術、管理、科技、生產力、能源、工業科學。

4. 財政部:財政、金融、稅務、銀行。

5. 交通部:觀光、海運、鐵路、航空、電信、郵政、氣象、公路、交通安全。

6. 法務部:司法制度、更生保護、法律服務、監所服務、法制研究。

7. 教育部:私立學校、社會教育、國際文教、體育、學術研究、獎助學金、文化、藝術。

8.衛生署：預防保健、藥物、食品衛生檢驗。

9.環保署：環境保護、自然生態、防制污染。

10.勞委會：勞工安全、勞工福利、勞動條件、婦女童工保護。

11.農委會：農政、林業、漁牧、糧食、水產、園藝。

12.陸委會：大陸地區與台灣地區往來有關業務。

13.新聞局：廣播、電視、新聞、出版、視聽資料、電影。

14.外交部：國際關係。

15.文建會：文化、藝術、國民精神生活。

16.原委會：原子、核子、輻射、防護、放射物質。

四、現行非營利基金會的治理型態重要公關思考點

1.各基金會的治理狀況，除傳統的隸屬關係及以董事會為決策中心外，是否會因其他因素的介入而受到影響？

2.各基金會成立宗旨及服務事項雖各異，使得組織特性及型態亦有所不同？而這些組織特性上的差異，是否會因此左右董事會與執行長的參與程度，進而影響基金會的管理模式或發展呢？

3.董事與執行長間，因為背景、工作經驗以及專業知能等特徵的差異性，是否會進而影響管理活動時的參與認知？此點對基金會的發展或經營型態又有何重要的影響呢？

4.董事與執行長對彼此之職掌與角色的扮演是否能畫分清楚？各級成員的職責認知是否會對基金會造成何種不同的影響程度呢？

5.目前基金會的組織及經營爲何強弱呈現不同的差距？這其
中參與感及議題的發揮是否左右其未來的發展呢？

註：*Managing Change in the Nonprofit.* Swctor Jed I. Bergman 1996.
Jossey-Bass Publishers San Franciso.

第十六章　保險創意之公共關係

　　傳統保險業的兩大基石，分別為財務結構及理賠糾紛，然而此一般人民較為在意的部分，或許過去由於資訊的欠缺而往往被疏忽，不過現在透過傳播媒體的逐步揭露，將使得保險逐步邁入形象公關的新時代，而近來消基會公布的十大類型理賠糾紛案，頗值得保險業公關重新思考這個問題所帶來的意義。

　　行銷最強調的是產品的市場定位，而保險從過去被避之唯恐不及，到今日逐漸被社會所接受來看，可以想見其過程的艱辛；然而當保險的產品作好市場的定位後，便逐步排除往昔的人情保，而進入所謂的需求保階段；接下來的保險市場應該走向策略保的高級層面。

　　因為對於有限的保險市場來說，在多家來自土洋的保險公司競爭下，這塊大餅是很難再靠單打獨鬥的方式來取勝，而保險行銷的概念若僅是停留在事先規劃及風險的分散的話，一旦經過實際檢驗此一概念時，例如理賠糾紛中的保單生效、撤銷權、換約、解約、「意外」認定、違反告知、理賠金額不符及保單紅利、解約金等普遍存在的爭議時，必將會瓦解。

　　這種對危機處理的欠缺，便會立刻形成客戶的隱憂，進而破壞彼此辛苦所建立的信賴；因此唯有將保險創新建立在正確的公關認知上，便是透過與異業結盟的新領域中，才能真正達到為自

己保戶提供完善的全方位整體人生規劃，而這正是保險公關必須要思考的一項重要因素。

以一個普通家庭爲例，其中成員除生老病死之外，更必須面對各種生活環境、意外事故、身體健康、名譽以及人與人之間不同的風波衝突的防免，因此正確的生活保障規劃應該涵蓋法律、醫療及生活的提升面；所以如果要讓家庭中的每一位成員安享事先的安排，終無遺憾地過著生活，這便必須作出完善的整體性考量，而正確的公關範圍將包括以下五大項目的徹底規劃，才能眞正落實：

1. 基本保險。（人壽、意外、保證及醫療訴訟險的整合）
2. 基本保全。（建立貼心眞誠的關注）
3. 企業與家庭律師的區分。（協助委聘負責之家庭專業律師，預先防範及身後信託安排照護）
4. 家庭醫師與健診。（適時的診查、建立相關病史及心理治療，讓人生更豐富而有色彩）
5. 家庭休閒。（提供完善的休閒安排）

有了以上的規劃，除了可降低家庭的各類風險外，更可以提高個人本身的家庭收益及事業企圖心，因爲越完整的家庭防護架構，越能節省生活成本的花費，而發揮最大的生活創造性效益，而這也正是保險公關最重要的功能發揮。

而以上這些也正是保險經紀人邁向二十一世紀的生活經紀人的一種「創意行銷觀念」所應扮演的積極角色，如此爲自己的保戶建立正確的家庭律師制度，讓家庭與律師成爲眞正的好朋友，

而非只是一種臨事才轉介的表面關係，這將成爲保險業務未來在職場致勝的重要關鍵因素。

第一節　保險潛存隱憂

當今日台灣已邁向開發中國家之時，卻突然發覺一般人民的法律概念卻仍只是在未開發國家的狀況下，試問身在這種國家的人民是該感到喜悅還是該感到悲哀呢？

平時不懂法，遇事將尋不到奧援；因爲法律只保護懂得法律的人，對於那些在權利上睡著的人，法律將會很殘酷的給予迎頭痛擊，讓您永遠都記憶著，這件讓您一輩子都無法磨滅的慘痛教訓。希望透過以下眞實的社會案例，能夠引發保險公關的深入研究課題。

【案例】　記得二年多前，有一對恩愛夫妻陳平之與楊嘉佳，爲了替子女建立一個更有保障的生活，所以經常往來當時才開放的越南柬埔寨經商，從事手工藝品的加工生意。

當然他們心裡也明白「天有不測風雲，人有旦夕禍福」，所以一方面將小孩委託給楊嘉佳未結婚的姐姐嘉寧照顧，同時也投保了某家壽險公司的一千萬元人壽意外險，並聽從該公司保險業務員的建議，在保單上載明受益人爲其兩個未成年的小孩（其中一個七歲、另一個九歲）；孰料冥冥之中似乎早已命定，即使拜神求佛亦無補於事，這對夫妻竟然同時搭上了當時的空難專機，從此便未再回到他們辛苦建設的家園一步，遺留下一對孤苦無依

的小孩，誰知道兩個小孩的苦難才剛剛開始發生。

　　這對夫妻的朋友為他們辦理頭七的當天，這對小孩從出生到現在只見過一次面的祖父突然出現，他不但當場要趕走一直看護小孩的阿姨嘉寧，同時自恃以為懂法律，便利用法定監護人的身分領走所有保險金、銀行存款及打開保險箱取走一切房地契，並準備將小孩遷到一個偏僻的鄉下，讓小孩住校，只因小孩不肯，竟到學校去鬧，一直到學校老師實在看不下去出面趕他走，才悻悻然的離去；而此時小孩的外祖父母實在看不下去，不顧自身病痛纏身，出面委請律師爭取監護權交由其女嘉寧照護，然而這場官司打了兩年半，其中的煎熬等待實不足為外人道。

　　好不容易勝訴確定，原本以為一切可以雲淡風清。誰知道小孩的祖父母仍不死心的提出再審聲請，而以對提取該筆金錢的來龍去脈，製造為小孩打算的假象，及對外散布外祖父母爭小孩就是貪圖這些錢財。結果法官不察，竟又准予再開審理，但是小孩的外祖父母因為病痛纏身，加上被人誤解而實在無力再打這場官司，此後小孩的一切真的只能看天意了嗎？

　　【解析】　「天有不測風雲，人有旦夕禍福」，這句話相信絕大多數的保險從業人員都耳熟能詳，但是真正了解其中涵義的人究竟有多少呢？本案的實際案例讓我們明白官司的不確定性，加上曠日費時，以及許多遲來的正義與玩法者的居間挑撥，以致家庭、社會問題不斷地浮現。

　　而本案必須注意的是陳平之與楊嘉佳這對父母一旦同時發生事故而死亡，若未指定監護人時，其法定的監護順位如次，並請注意其中的關鍵：

1.與未成年人同居之祖父母。

2.家長（係指在同一戶籍中共同生活的長者）。

3.不與未成年人同居之祖父母（包括內、外祖父母均屬同一順位）。

4.伯父或叔父。

5.由親屬會議選定之人。

　　因此楊嘉佳的姐姐嘉寧，並未在該順位內，所以在此必須提醒讀者，現代意外事故頻傳，身爲父母的人應先行指定監護人，否則戶政機關只能依照法律規定之監護人順序辦理登記，所以以筆者之經驗認爲最好以遺囑先行指定，以免將來貽害子女，尤其在有高額保險金的情況下。

　　至於現行監護類別規定如次：

1.法定監護：親屬關係證明文件。

2.委託監護：受監護人生父母之委託書。

3.遺囑監護：生父母所立下之遺囑。

4.指定監護：依法院出具之文件。

5.選定監護：親屬會議之選定書件。

6.宣告監護：禁治產之宣告文件。

　　當然，保險從業員對家庭危機之管理，首在「預防」和「設法坦誠面對」，而並非只是在自己的保險專業領域中去揣測法律這項十分專業的領域，就像本案之保險規劃即忽略如果一旦事故發生，其受益人尚年輕時，其巨額的理賠是否是一種包袱，其未

來的監護權誰屬？又有誰能代行父母職責來保護其子女能在無憂無慮的環境中成長呢？因為這樣不但無法真正的幫助自己的客戶，反而會因誤導或時機延誤導致無法收拾的弊害產生。

另外最近彰化銀行結合壽險公司，針對身心障礙家庭設計信託計畫。雖然現代父母都懂得利用投資工具，為下一代累積更多的財富，但是卻忽略若父母親不在時，這筆龐大的金錢反而會成為各方眼紅而欲染指對象的一種避險之良方。

所以除透過保險來防杜事故發生時的生活理賠外，更應積極設計指定專業銀行來作帳戶管理與投資運用之信託基金，如此雙管齊下才能真正避免父母親發生事故，而無法實現或貫徹其生前意願的遺憾發生，當然如果事前同時透過專業律師來擔任信託監察人，方能更確保該筆基金的給付，如此才是圓滿的一件人生保險規劃，您認為呢？（本文並刊載於《保險行銷》雜誌）

第二節　生活危機處理

因此本文特別針對生活危機，提出保險之外，新的公關策略四階段模式。

一、問題階段

問題主要是在界定家庭周遭可能影響到家庭的潛在問題，以便及時協調家庭防護的內、外資源，形成應付策略，來避免問題的惡性發展，如此將使得家庭在消極方面避免因問題所導致之受

害程度發生，同時在積極方面，因問題被直接納入良性互動的管理而使家庭受惠。在這方面，家庭規劃上有以下三項作法，可以用來防範危機突然爆發：

1. 進行社會環境偵測，搜尋外界的趨勢變化或新聞事件等足以在未來影響家庭的各項不利因素，然後進行仔細的分析。
2. 針對所搜尋的各類問題，進一步收集相關資料，尤其對潛在危險因素，特別要仔細評估爆發的可能性及威脅性。
3. 規劃一套整體性防護策略，其重點除應放在防範此類危機的發生上，更該同時納入輔助監控系統。

二、規劃預防階段

第二階段是延續上一階段界定危機後所做的預防工作，只要家庭偵測到某項可能的危機即將發生，則必要的預警系統就要開始運作，因此這個階段是整個危機處理的前哨站，而此時家庭律師的法律建言便形成一種頗值得探討的一種機制：

1. 首先擬訂一般性的法律策略和特定應對策略。
2. 針對危機設定積極主動的法律援助者。

三、危機階段

這是危機真正爆發的階段；臨此階段，除非事前有萬全的人

際公關準備，否則倘若家庭沒有應變的輔助，則將在完全沒有任何主控危機的情況下，陷入即使爭訟也未必能夠獲得真正公平正義的人為謬誤之中浮沉。

四、後危機階段

當危機的高峰期過後，不管處理得是否適當，這時家庭都希望趕快脫離危機所造成的陰影，而重新回到經營的正軌，可是人們常忽視了危機後期的「收尾」工作。而這個時期的家庭危機可能仍在持續或蔓延，所以此時家庭有必要對此設法補救，例如：

1. 繼續關切危機事件關係人的反應或反撲，並加以適度的回應。
2. 繼續注意危機的後續發展，提防危機對家庭破壞的張力再度擴大。
3. 對危機處理的過程作全面評估，並設法挽回危機所爆發的家庭損害。

當然，危機管理首在「預防」和「設法坦誠面對」，而並非只是教家庭如何在危機發生之後「文過飾非」或「避重就輕」的推諉卸責；或者只是在自己的保險專業領域中去揣測法律這項專業領域。

所以保險從業人員，不妨換一個角度想想，當一個人的投資理財成為一生奮鬥的目標，結果卻因為不懂理財的法律，例如購屋看不懂條文、買賣股票卻因營業員的誤聽而承擔風險、民間標

會面臨倒會危機的預防以及對於票據問題的疑惑等等，您可曾認眞想過該怎樣來保護自己的權益嗎？

其實人生所面臨的問題，與法律息息相關，但是從來沒有人認眞地思考過這個切身的問題，總認爲自己不會那麼倒霉，然而世事難料，平地興波的事我們經常可以從新聞報導中耳聞或眼見，所以有很多人開始買保險；但是倘若我們自己對進一步的保障漠不關心的話，我想誰都無法勉強您，因爲在法律權益上睡著的人，法律是絕對不會同情他，或儘管他購買了保險，不是嗎？

生命有著無法預測的變數，所以有人會求助於命相學的援助；然而命已注定，算命又能如何呢？買保險外，如何能夠未雨綢繆，而臨事眞正地不懼呢？想想自己的人際公關究竟可以獲得幾分呢？

前面談了許多保險從業人員的法律公關觀念後，接下來則開始討論保險公司本身的公關觀念，首先科技掛帥的時代，網際網路行銷無遠弗屆，所以今日許多壽險公司便透過網路來行銷、介紹公司商品及提供資訊，於是人人在家皆可上網了解各家公司的保險商品。

至於壽險公司在財務經營的風險上，必須納入八十八年元月起在招攬新壽險契約時，必須開始提存責任準備金；以及現行保險法第一百四十三條規定：「保險業認許資產減除負債之餘額，如未達提存中央銀行保證金（保險公司實收資本總額的15%）時，必須辦理限期現金增資的財務規劃」。

第三節　網路公關處理

　　根據調查目前國內保險業以全方位的保險理財規劃服務為目標導向，然而壽險公司大部分仍停留在靜態資訊居多，且所提供的網路產品服務僅局限在保險商品介紹、節稅商品查詢、節稅理財試算、保戶各項優惠措施公告、電子郵件寄發給客戶最新資訊，及企業形象、公益廣告。然而保險是種隨著時光流逝才產生價值的無形商品，如何透過有形化的網路行銷，這便是一門重要課題。

一、網路行銷

　　或許網際網路讓保險行銷人員和保戶建立更直接的關係，並帶給保戶專業而有效率的新感受，然而基於保險產品的特殊性與政府相關法令，及消費者對網路交易安全性的疑慮，除了介紹產品外，目前僅開放保險業者在網路上銷售「旅行平安險」。

　　開放初期，免體檢的旅行平安險是最適合的網路產品，不過為了加強各類網站網頁之「創意性、多元性、互助性、服務性與諮詢性」，所以筆者建議未來規劃方向，應考量除從建立公司形象，來達成網路服務與行銷目的之同時，應該正視網路公關的這個重要課題，如此才能以真誠的服務，來滿足消費市場的真正需求。

　　因應網際網路的盛行，日前財政部保險司正規劃成立「保險網路資訊公司」，為保險業者邁向網路化的時代，開啟指標性的

方向，所以可以預見在網路上買保險將成為未來的趨勢之一。

二、公關機能

　　所以在未來事事講求速度的年代，想讓保戶迅速的獲得壽險產品的資訊，並隨時查詢壽險資料及本身保單，且迅速找到適合自己產品的利器，相信恐怕只有網際網路可以滿足這個需求，而不受傳統商業型態和時空之局限，本文末將歸納國內各大壽險公司的網路內容，以便給有意從事保險網路公關者，一些概括性認識的參考：

1. 線上投保：係在網路上提供消費者直接或間接購買保險商品。（其方式為在網上交易：以電子錢包、使用信用卡完成交易，或者間接利用網上登錄資料再傳真或電話來進行確認，爾後逐行付款。）
2. 保險顧問：透過與網友間之互動提供各類的試算，如輸入基本資料後可即時提供適合的保險商品或所需的保費等。
3. 訓練資料：可直接在網站上提供公司內部或同業的教育訓練功能。
4. 理賠申請：從網路上直接填表申請理賠，再將一干證件寄交保險公司，以充分節省申請時程。
5. 商品介紹：目前由中華民國壽險公會建立，將各類保險商品放置於該網站中，提供保戶查詢。
6. 保單資料：只要提供保單號碼或保戶相關資料，就可提供

保單內容及相關資訊（契約變更或轉換）。

7. 理財資訊：提供金融、證券、期貨、基金及節稅等金融資訊與時節運勢等生活資訊。

8. 網際資源：包括醫療保健、法律、稅務、人力資源、生涯規劃等線上查詢與諮詢。

同時透過網際網路可連接全國各大保險公司以及國外知名的債信評等機構，自行分析保險公司的經營概況及風險評估，凡此種種的新科技公關，將成為未來保險公關市場當中一個重要的環節。

不過談到保險公關創意，就必須考慮多元行銷通路，這中間的直效行銷（包括與銀行保代合作向持卡人行銷，或者和特定職業團體合作，以及前面所提到的網路行銷等），除可降低高額佣金、提高市場價格競爭的優勢，不過此一構思將會形成壽險公司本身內外部的競爭，其中優劣則端看企業公關如何折衝了！

其次保險理賠一直為許多投保人員所詬病，例如依據財政部示範條款規定，保險公司在收齊保戶理賠文件後十五日內應給付理賠金，如果逾期應按年利一分給付保戶延滯利息，究竟有幾家保險公司留意，這其中所涉及的一些法律問題，並非三言兩語所能道盡的，因此本章將就幾件具代表性的案例來分析法律構成要件，希望透過這種法律公關的角度來分析一些保險公司可以避免的錯誤，並藉此建立其專業的公關形象！

第四節　保險生活案例

【案例一】　保險契約之成立

簡某與訴外人即要保人簡□與保險公司於八十三年九月二十五日及同年十月二十七日分別訂立個人傷害保險契約，期間爲一年，約定於要保人遭受意外傷害事故死亡時，保險公司應各負保險金額五百萬元，合計爲一千萬元，並均指定簡某爲受益人。嗣簡□不幸於上揭保險期間內之八十三年十一月二十五日下午三時五十分時，因與簡某發生口角，旋持木棍追打上訴人，並以手腕自背後勒住簡某之脖子，訴外人張□見其男友（即簡某）甚爲危急，恐有被勒死之危險，對此現在不法之侵害，乃出於防衛簡某生命之動機，情急之下，基於傷害之犯意，持水果刀一把，往簡□背後腰部刺二刀，因防衛過當致簡□傷重死亡，張□因而爲法院判處有期徒刑一年二月，緩刑三年，緩刑期中交付保護管束等情。足見簡□死亡之事由，係因訴外人張□因正當防衛過當傷害致死，依該契約約定，簡某爲保險契約所指定之受益人，保險公司對此是否能藉此點拒絕理賠呢？

兩造間因前已存在一有效傷害保險契約（第□號，保險金額爲新台幣五百萬元，招攬業務員爲林□），故當本案要保人（即簡□）向保險公司之另一招攬業務員曾□要保本案系爭之第□號保險單（保險金額亦爲新台幣五百萬元）時，並未注意前後合計要保之保險金額已逾新台幣一千萬元，而達人身保險業界認定之「鉅額保險」（新台幣一千萬元以上）。依一般核保規則，要保

人除要保書外，另需檢附「鉅額財務告知書」，以便保險人評估此鉅額要保之風險。故關於第□號保險契約，實因要保人未能補具「鉅額財務告知書」致未完成核保程序，而遭保險公司拒絕承保，此係兩造意思表示是否未達一致而契約未臻成立的思考重點？

另依保險法第一條，保險人僅就被保險人發生「不可預料或不可抗力之事故」所致之損害，負賠償責任。本案保險公司於傷害受益人時，必可預見受益人或現場其他人將為反抗或制止之行為，而此等反抗或制止之行為亦可能致使簡□本人身體或生命遭受侵害，此為常理可預見之情況；則本案事故是否屬於「不可預料之事故」呢？

【解析】　按保險契約係契約之一種，於雙方當事人意思表示一致時，契約即告成立，並非要式行為。

至於保險單或暫保單之出給作成或交付，係契約成立後保險人應履之義務，其作用雖可作為保險契約之證明，但並非謂保險契約之成立，以保險單之作成及交付為要件，最高法院六十四年台上字第一七七號判決著有判例可稽。

是以保險契約為非要式契約，保險單或暫保單之出給，僅可認為係保險契約之證明，不能作為保險契約之成立要件。

保險公司雖辯稱：關於系爭之第□號保險契約，保險公司於八十三年十月二十七日受理前揭要保文件，十月二十九、三十日為週末，三十一日為國定假日，保險公司於同年十一月二日（即受理要保後第四個工作日）發出書面照會，要求要保人（即被保險人）於七日內提供核保所需補充資料，否則即取消本件契約之

申請。然未獲回覆，嗣保險公司於同年十一月二十三日以書面「新契約取消通知書」及退還保險費支票（發票日期為八十三年十一月二十四日）表示拒絕承保之意思。則上述程序皆發生於簡□死亡（八十三年十一月二十五日）以前，顯見本件保險並未完成核保程序，保險公司拒絕承保，此保險契約並未成立生效云云。

　　唯判決論證以下幾點足供未來保險公司的事先理賠判斷之依據：

1. 卷附保險公司之八十三年十一月二日之核保照會單係簡某交予其保險業務員曾□請伊照會簡□提供鉅額財務告知書，唯曾□於同年十一月七日回覆保險公司稱「因被保險人南下，正尋問正確地址，再寄去請客戶填寫，須時約半個月左右」，則曾□究於何時查得簡□之住址？何時寄達該核保照會單？顯有疑義。

　　設有合法知會簡□，其究竟有無回覆及嗣後有否表明取消要保之意等節，保險公司均未舉證詳加說明，歷審卷宗內又無任何證據可憑，保險公司空言主張要求要保人簡□提供核保所需補充資料，既無照會單送達之憑據，亦無任何要保人拒絕補正之資料，所以在法律採認上已非可採。

2. 又依保險公司所提主張退還保險費支票上載發票日為八十三年十一月二十四日，設保險公司果如其主張於被保險人簡□八十三年十一月二十五日死亡前即已完成拒絕承保之程序，則何以未即刻寄發退保支票予被保險人，而於事隔九日後之八十三年十二月二日始以存證信函寄送退保支票

（存證信函日期明確爲□月□日），顯與常情有違。保險
公司是否確於簡□死亡前之八十三年十二月二十四日即已
開出退保支票，令人可疑。保險公司主張拒絕承保之程序
皆發生於簡□死亡以前，應不足採信。

3. 按財政部六十四年台財錢字第二○二七六號函明示：「人
壽保險應於預收第一期保險費後五日內爲同意承保與否之
表示，逾期未爲表示者，視爲承保，保險契約即發生效力。」
經查保險公司已於訴外人簡□前開要保之同時（八十三年
十月二十七日）收取第一期保險費七千二百元，爲保險公
司所不爭執，則按主管機關財政部之上開函示，本件保險
契約應於五日後之八十三年十一月二日即已生效，堪予認
定。被上訴人雖辯稱本件傷害保險與人壽保險性質不同云
云，唯按傷害保險與人壽保險均屬人身保險，性質相同，
解釋上自得援引適用，被上訴人執此抗辯，亦不足採。

4. 經查，本件被保險人簡□死亡之事由，係於八十三年十一
月二十五日下午三時五十分時，因與簡某發生口角，旋持
木棍追打上訴人，並以手腕自背後勒住上訴人之脖子，訴
外人張□見其男友（即上訴人）甚爲危急，恐有被勒死之
危險，對此現在不法之侵害，出於防衛簡某生命之動機，
情急之下，基於傷害之犯意，持水果刀一把，往被保險人
簡□背後腰部刺二刀，因防衛過當致被保險人傷重死亡，
張□因而爲法院判處有期徒刑一年二月，緩刑三年，緩刑
期中交付保護管束等情。足見被保險人簡□死亡之事由，
係因訴外人張□防衛過當傷害致死，並非因被保險人自己

本身犯罪行為而造成死亡之結果。被保險人簡□縱構成傷害之犯罪行為，亦係對保險公司或張□為傷害行為，此傷害之犯罪行為並不至於造成被保險人死亡之結果，即二者間並無因果關係，核與除外條款約定：「被保險人犯罪行為，直接致成死亡」要件顯然不符。

換言之，被保險人之犯罪行為，固然係引起張□防衛過當之原因，然此犯罪行為通常不致引致自己死亡，被保險人死亡之直接原因，仍係由於第三人外力介入所致，被保險人顯然不是因自己傷害之犯罪行為殺傷自己而致死，對受益人而言，此保險事由之發生，即屬因遭遇外來突發的意外而致之事故，自與上開除外條款所定之免責事由不符，保險公司即不得藉此為免責不給付保險金之理由。

【案例二】　保險契約之解除案一

保險公司以蔡某先夫（即要、被保險人蔡□）於投保時未據實告知所罹病症，此點可由被保險人即蔡□在八十一年九月十八日因肝硬化、糖尿病、酒精中毒於高雄小港安泰醫院住院治療，後又於次年二月二十五日因糖尿病而就診於邱綜合醫院。然於八十五年九月十八日向保險公司投保時卻無為任何告知，緊接著於同年十月二十五日因投保前之疾病（肝硬化）併發上腸胃道出血死亡，然保險公司於八十五年十一月二十七日向開設在高雄市小港區沿海一路二二一號之「安泰內外骨專科醫院」調閱蔡某先夫蔡□病歷時即已知悉，然保險公司卻遲至八十六年一月十四日方

寄發存證信函通知蔡某將解除系爭保險契約，保險公司之契約解
除權是否業因知有解除之原因已逾一個月期間不行使致歸於消
滅？

　　蔡□戶籍雖設於「高雄市前鎮區草衙□巷□號」，唯保險公
司向非蔡□之居住地為解約之通知，且其解約通知之存證信函，
自始皆置放於郵局，並未在蔡□實力支配範圍內，因此是否可以
認為保險公司所為之解約通知，已處於蔡□得隨時可了解該意思
表示內容之客觀狀態而視為解除契約呢？

【解析】

1. 保險公司於八十五年十一月二十七日向開設在高雄市小港
　區沿海一路二二一號之「安泰內外骨專科醫院」調閱蔡某
　先夫蔡□病歷時即已知悉，然保險公司卻遲至八十六年一
　月十四日方寄發存證信函通知蔡某將解除系爭保險契約，
　是依保險法第六十四條第三項前段規定及系爭保險契約第
　七條第二項前段約定；然保險公司之契約解除權業因知有
　解除之原因已逾一個月期間不行使致歸於消滅。又保險公
　司解除契約意思表示既屬無效，系爭保險契約即仍繼續有
　效存在，故蔡某自得本於保險契約受益人之身分依保險法
　第一百零二條、第三十四條規定及系爭保險契約第九條、
　第十一條約定請求保險公司給付「身故保險金」。

2. 本件系爭保險契約要保書及保險理賠申請書均已明確載明
　蔡某之通訊地址為「高雄市小港區永義街七號」，顯見無
　論是要保人蔡□或受益人蔡某自始即明確陳明以「高雄市
　小港區永義街七號」為居住之聯絡地址，是豈可因保險公

司職員之過失擅自向蔡□之戶籍地（甚或非戶籍地）為無效之解除契約行為，即將不利之法律效果歸由蔡某承擔？保險公司如真係為求慎重，依常理推論應會同時向蔡□之戶籍地及通訊處為送達，此點保險公司應該在法律認知上要明確地踐行，避免公司專業形象受損。（參八十七年度保險上字第二號）

【案例三】　保險契約之解除案二

　　朱吳□於八十四年一月二十四日以其之母吳邱□為被保險人，向保險公司投保人壽保險，保單號碼No□，主契約為「□□新二十年限期繳費特別增值分紅終身壽險」，保險金額三十萬元。另加保「□□健康保險附約」，保險金額一千元，並指定朱吳□為受益人。

　　然朱吳□、吳邱□於訂立系爭保險契約時，對保險公司之書面詢問，未盡告知於八十二年十一月二日至長庚醫院作胸部X光檢查，及罹患肺結核之義務，爰主張解除契約；又朱吳□係該保險公司之保險業務員，並為系爭保險之要保人，因其故意隱瞞，違反業務代表聘約書約定，且吳邱□於同年十二月二十九日因肝腎衰竭致代謝性衰竭而死亡，然渠等於八十五年三月間申請理賠，遭保險公司以吳邱□未據實說明其肺結核病史而拒絕理賠。

　　【解析】　按訂立契約時，要保人對於保險人之書面詢問，應據實說明。要保人故意隱匿、或因過失遺漏、或為不實之說明，足以變更或減少保險人對於危險之估計者，保險人得解除契約，其危險發生後亦同。但要保人證明危險之發生未基於其說明或未

說明之事實時，不在此限。（保險法第六十四條第一項、第二項
定有明文）

　　經查，系爭保險契約之要保書所載被保險人告知事項第八
項，詢問過去二年內有無接受身體檢查？有無被建議應接受其他
檢查？及檢查結果有無異常（包括X光）；第九項詢問過去五年
曾否患有肺結核、氣喘？第十一項詢問曾否久咳？痰中有血絲或
血塊？朱吳□及吳邱□均答稱「否」，而各該事項既經保險公司
以書面詢問，顯然係屬足以影響該公司對於危險之估計之重要事
項，則無論朱吳□、吳邱□係故意隱匿、或因過失遺漏、或為不
實之說明，是否均構成前揭規定所示未盡說明義務情事。

　　然查：

1. 吳邱□於八十二年十一月十九日經防癆協會診斷結果為
   「兩側陳舊性肺結核」，治療方法為「經喉頭刷拭之痰液
   培養一次，並無結核菌」，有該協會第一胸腔防治所出具
   之防一診字第□號診斷書影本附卷可稽。經函查其意旨，
   該協會以中癆業字第□號書函答稱：胸部X光顯示兩側上
   肺纖維鈣化病灶，為陳舊性肺結核病灶，其痰液塗片及培
   養未發現結核菌，可謂已康復，依據臨床經驗，此病復發
   之機率不高。

2. 又台灣高等法院檢察署法醫中心鑑定書載明吳邱□「生前
   患有肺結核、慢性阻塞肺疾病、嚴重肝脂肪變性、腎盂腎
   炎併有肝腎衰竭之代謝性衰竭而死亡」。經函查其意旨，
   台灣高等法院檢察署以檢金醫字第□號函覆：死者吳邱□

生前確患有肺結核及慢性阻塞肺疾病，經病理組織切片檢查呈乳酪狀壞死及肉芽結節，此部分只可認為死者之間接死因（即非造成死者最後死亡之原因）。死者最後死亡之原因應為嚴重肝脂肪變性、硬化，併有腎臟疾病而引發肝腎衰竭之代謝性衰竭，由此種代謝性衰竭最常見在死亡時有壓力性潰瘍，導致上腸胃道出血。由死者解剖時胃及十二指腸含有約六百西西血塊，生前上腸胃道出血，有出血性休克之可能，雖血流失未及一千西西，因死者年紀滿五十二歲，肝腎衰竭明顯判定為因肝腎衰竭致代謝性衰竭而死亡，上腸胃道出血可視為死亡時之併發病症。死者所罹患之肺結核、慢性阻塞肺疾病與直接死亡原因無因果關係。

3. 危險事故之發生既非基於朱吳□、吳邱□未據實說明之事實，揆諸前揭規定，保險公司應不得主張解除系爭保險契約；是系爭保險契約仍有效存在，保險公司復自認朱吳□主張之保險金額正確，朱吳□請求保險公司給付系爭保險金，自無不合。

4. 再查保險公司所負系爭保險金給付義務既係基於該危險事故而生，而該危險事故之發生又與朱吳□未盡據實說明義務無因果關係，縱朱吳□有詐欺訂定系爭保險契約或違反聘約書業務人員管理規定情事，亦難謂保險公司所負給付保險金義務係因朱吳□之詐欺行為或違反聘約書業務人員管理規定第十條前段約定所致；因而保險公司抗辯因朱吳□詐欺及違約致其須負擔給付保險金義務，爰主張二者抵

銷云云，依法顯不足採。（參八十六年度保險上字第四二號）

附錄　現行保險法規

1. 保險代理人經紀人公證人管理規則。
2. 強制汽車責任保險法。
3. 保險法及保險法施行細則。
4. 保險業管理辦法。
5. 保險業務員管理規則。
6. 保險公司設立標準。
7. 外國保險業許可標準及管理辦法。
8. 保險業負責人應具備資格條件準則。
9. 保險業認許資產之標準及評價準則。
10. 保險安定基金組織及管理辦法。

第十七章　政治公共關係法則

　　政治的冷暖只有身處其中的人才能體會其中滋味，所以本文只針對一些政治皮毛作簡單說明與分析，希望引起更多專業人士的關注，共同投入研究的工作，並為這個環境理出一條值得遵循的脈絡。而政治性公關首先強調議題行銷的觀念，其次則是形象塑造（魅力主導）及包裝，再其次是媒體的網羅，最後則是時效的掌握，以上幾點相信許多實際從事公關的人，都會有相當的感受。

　　不過現行公關之收費究竟是採預算制、顧問制還是執行制，其實這中間存有許多的難處，是很難用言語來道盡的。而且現行政府機關如欲從事公共關係，其首要對象為同等級的監督民意機關，而民意機關的構成份子多元且複雜，再加上民意代表所屬的政黨、次級團體，以及所倚重的幕僚人員，也都是十分重要的公關對象。

　　而政府公關角色區分為「媒介者／溝通促進者」、「管控者／問題解決者」、「推動者／實際執行者」、「技術者／資訊散播者」等四種角色。唯新聞記者對政府公關角色的認知方面，除了上述四種類型外，尚區分出了「研究者／輔助幕僚者」的角色。

　　加上政治的現實與其中的許多起承轉合的學問，若未實際參

與或身涉其中，實在很難去評估其中的利弊得失，因此之故本文只從一些表象來說明一些概念因素。

另依據法務部八七律字第○二一三七五號函釋：「警察機關因偵辦刑案需要而依刑事訴訟法第二百二十九條或第二百三十條規定，向公務機關或受電腦處理個人資料保護法規範之非公務機關請求提供相關之個人資料，該受請求提供之公務機關或非公務機關即可分別援引該法第八條第一款、第二十三條第一款規定提供。唯如非屬電腦處理個人資料保護法規範之行業，似尚難援引該法請求提供。」

至於一些更為深入的政治公關則將留待更專業的著作來加以深入說明，畢竟選舉或政治性的公關涉及彼此的信賴度，以及授權程度，所以其中的落差極大，並非隻字片語所能道盡其中精要，所以為免讓人有野人獻曝之感覺，本文將不對此部分作太多的說明，敬請見諒。

第一節　選舉公關

選舉公關所涉及的層面包括初期的候選人選區特色的思考，其次便是所欲參選項目有哪些重要的議題，接下來才是文宣設計、形象塑造、活動造勢、媒體運作；以及接下來較高層次的資訊蒐集、選情分析、民意調查及選舉策略的運用。

Kotler (1972) 所提出的「組織公眾 (organization's publics) 行銷」的概念認為行銷應不局限於所有組織對其顧客的市場與非市場交易，而應該更進一步的擴大解釋到所有組織對其所

有公衆的各項活動均包括在內。

　　不過值得注意的是一般商業公關與政治公關是完全截然不同的運作模式，所以兩者如果強要加以融合，則是一件非常困難的工作，所以本文對此一課題僅就涉及捐助的部分作一說明外，對於整體選舉公關的著墨上將不作太多的涉獵。

一、選罷法規部分

　　公職人員選舉罷免法第四十五條：自選舉公告之日起，至投票日後三十日內，候選人所支付與競選活動有關之競選經費，於第四十五條之一規定最高限額內，減除接受捐贈，得於申報所得稅時作爲當年度列舉扣除額。

1. 個人對於候選人競選經費之捐贈，不得超過新台幣二萬元；其爲營利事業捐贈者，不得超過新台幣三十萬元。候選人接受競選經費捐贈之總額，不得超過第四十五條之一規定之競選經費最高限額。

2. 個人對於依法設立政黨之捐贈，不得超過綜合所得總額20％，其總額並不得超過新台幣二十萬元；其爲營利事業捐贈者，不得超過所得額10％，其總額並不得超過新台幣三百萬元。

3. 前二項之捐贈，個人得於申報所得稅時，作爲當年度列舉扣除額；其爲營利事業捐贈者，得列爲當年度之費用或損失。但對於政黨之捐贈，政黨推薦之候選人於該年度省

（市）以上公職人員選舉之平均得票率未達5%者，不適用之。

4.該年度未辦理選舉者，以上次選舉之年度得票率為準；如其為新成立之政黨者，以下次選舉之年度得票率為準。

5.營利事業連續虧損三年以上者，不得捐贈競選經費。

公職人員選舉罷免法施行細則第四十二條：

1.本法第四十五條之四第一項所定，候選人申報綜合所得稅列舉扣除非接受捐贈之競選經費，應檢附本法第四十五條之三所指之競選經費支出憑據影印本或證明文件，以供稅捐稽徵機關查核。

2.本法第四十五條之四第二項至第四項規定，個人或營利事業對於候選人競選經費及依法設立政黨之捐贈，得列為個人當年度之列舉扣除額或營利事業當年度之費用或損失，個人或營利事業於申報所得稅時，應檢附候選人或依法設立政黨所開具之收據，以供稅捐稽徵機關查核。

捐贈人於申報所得稅時，檢附候選人開立超過本法第四十五條之一規定競選經費最高限額之收據或政黨及候選人違反本法第四十五條之二規定接受捐贈所開立之收據，作為個人當年度列舉扣除額或營利事業當年度費用或損失者，稅捐稽徵機關不予認定。候選人違反本法第五十六條之二規定所開立之收據亦同。

3.本法第四十五條之四第二項及第四項之規定，係指個人對於所有候選人競選經費之捐贈，其總額在新台幣二萬元以

內者，得於申報所得稅時，作為當年度列舉扣除額，其為營利事業捐贈，在總額新台幣三十萬元以內者，得列當年度之費用或損失。

候選人及依法設立之政黨接受捐贈者，應逐筆開具收據並自留存根。收據採訂本式，逐頁依序編號，蓋騎縫章，其格式由中央選舉委員會會同財政部定之。候選人應於投票日後三十日內，政黨應於次年一月底前將前項收據送候選人戶籍所在地或受贈政黨所在地稅捐稽徵機關備查。

二、相關稅務部分

申報時程必須是在選委會公告名單始日至投票日截止，同時必須注意以下事項：

1. 每個人對候選人捐款，雖人數不限，但捐贈人每年的捐款總額不能超過兩萬元。若同一申報戶內有四口人，則一人有兩萬元額度，四人合計可捐八萬元。
2. 民眾若想捐贈給「政黨」，則是以「申報戶」，每戶每一年捐贈總額不得超過二十萬元；捐贈金額也不能超過每戶綜合所得總額的20%。以上兩者可以分開計算。
3. 但對於政黨之捐贈，政黨推薦之候選人於該年度省（市）以上公職人員選舉之平均得票率未達5%，不適用之。
4. 捐贈金額必須併入贈與總額之內計算，如果超過則仍須課徵贈與稅。

　　所得稅法第十七條：按前三條規定計得之個人綜合所得總額，減除下列免稅額及扣除額後之餘額，爲個人之綜合所得淨額：

1. 其中扣除額：納稅義務人列舉扣除額中即明白規定。
2. 捐贈：對於教育、文化、公益、慈善機構或團體之捐贈，以捐贈總額最高不超過綜合所得總額20％爲限。但有關國防、勞軍之捐贈及對政府之捐獻，不受金額之限制。

　　所得稅法第三十六條營利事業之捐贈，得依下列規定，列爲當年度費用或損失：

1. 爲協助國防建設、慰勞軍隊、對各級政府之捐贈，以及經財政部專案核准之捐贈，不受金額限制。
2. 除前款規定之捐贈外，凡對合於第十一條第四項規定之機關、團體之捐贈，以不超過所得額10％爲限。
3. 所得稅法施行細則第四十二條、本法第三十六條第二款所稱所得額，係指經該管稽徵機關核定之所得額，其應列作費用或損失之捐贈數額，應按核定所得額依法定限度調整之。

第二節　行政中立及立法遊說

　　除了選舉公關外，便是行政中立這個內涵至廣的課題，而這個議題包括三項具體內容；而考試院爲使這個目標落實，正朝向下述二個方向進行規劃：

1.透過「公務人員行政中立法」之立法，一方面宣示致力公
　務人員行政中立之建立；另一方面更於該法草案中明確規
　範公務人員政治活動之限制。
2.修正「公務員服務及考試法」，前者訂定利益迴避條款，
　限制公務員離職後之就業範圍，避免公務員圖利利益團
　體；後者則朝增進人民任公職機會之均等性考量著手，務
　期使公務員之來源能夠多元化，避免公務員之未來施政，
　過於受到個人價值理念的影響，進而造成偏頗任事的弊病
　產生。

一、立法思考

　　然從前述二項努力的重點觀察後，許濱松教授提出值得商榷
之處有以下三方面：（註一）
　　第一，總觀「公務人員行政中立法草案」之規定，對於公務
人員行政中立之規範，較為具體者僅及於政治活動之規範，且在
野立委所提出之版本亦不脫此範疇。然而嚴格說來，公務人員政
治中立之達成，並非一蹴可幾；例如英、美等國，亦是經由多年
努力至今，方略見成效。何況行政發展往往隨著政治生態的轉換，
倘若遽下猛藥亦實非良策。公務人員政治中立之真正建立，實有
賴於公務人員專業倫理之培養，以及政黨輪替執政多次發生以後
方有真正實現的可能性。
　　第二，欲期公務人員不受利益團體影響，圖利某一利益團體，
光仰賴利益迴避衝突條款之制定是不夠的，「遊說法」、「政府

倫理法」（考試、任用、考績及俸給）之制定同樣重要。然而遊說法之制定，並非單靠考試院便能有所著力。除此而外，「美國聯邦政府倫理法」（The Ethics of Government Act）不僅在限制就業，亦及於關說，而且受限制者除聯邦公務員外，亦及於國會議員及其助理，此點頗值我國借鏡。

第三，促成公務員具有代表性與來源之多元化，最有效者莫過於教育之平民化。然而在我國獎學金之提供未盡發達之前，貿然採行現今之高學費政策，極可能重蹈英、法之覆轍，導致公務員貴族化，進而造成施政偏頗的現象，頗值得立法及行政單位加以深思。

另外行政中立有以下一些原則值得參考：

1. 公務員甄選必須經過嚴格的程序，必須同時通過不同技術專業的筆試，及縝密的口試或面談。

2. 任何單位之公務員及各項預算的掌控，必須免於受到短期和直接的不當政治性的干預或影響。

3. 法律必須加以明文規定，公務員不得從事政治活動；離職後亦不得到任何曾由其監督的政府部門工作，那些過去曾接受政府補助的公、私立組織均包括在內。

4. 監察部門有權發行傳票調閱任何政府文件，及約談現任和卸任公務人員，評估政府效率並提出適當的改革建議。另外是否應掌握相當資源，來對改革措施進行全部或部分的補貼，則是一個相當值得關切的課題。

二、獻金及遊說

　　知法守法不獻醜，對於政治獻金的法律有無規範的研究？政治獻金法還擺在立法院中；選罷法第四十五條之四：個人對候選人捐獻在二萬元以內、對政黨在二十萬元以內；營利事業對候選人捐獻在三十萬元以內、對政黨在三百萬元以內者，都可以享受抵稅優惠，已如前述；另外日本和美國之政治獻金超過法定額度是要被處徒刑的，這點亦將是國內未來制法上的考量因素；然而政商關係的機制在今日的公關運作上，已經儼然主導整個政治的運作與脈動，如何洞察其中的關鍵，將是企業未來必須省思的一項重要課題。

　　然而政治遊說（係指針對在公共政策決策者面前代表某一特定立場的說服）在美國極為風行，所以美國有許多智庫的組織，透過這些組織進行民眾與政府、政府與利益團體，或者中央與地方政府間的法令、規章的遊說案；所以美國遊說專家察爾士・麥克（Charles S. Mack）便曾把遊說解釋為以下四種典型：(1)基層選舉的動員方面；(2)有關政治募款的計畫；(3)各式溝通技法的運用；(4)與特定團體的結盟。所以遊說強調組織及策略的運用，其中國外的實際案例都採行信件、贊助競選經費及會晤接觸等模式來進行遊說，透過這種多元化的運作，從一開始的初期評估，到接下來的議題確立是否可行，然後追蹤、分析其發展的趨勢，設法考量修正的各種方案以反敗為勝，其次過濾再次評估，以便作出正確的決策性議題來主導遊說的共識形成。

第三節　文化公關的參與

　　其實我們經常發現政府施政的表現，往往必須藉由適度的宣
導，才能引起民眾的共鳴，增加曝光機會，拉近彼此間的距離，
就如本書第一篇第三章中所闡述的一些風險管控中，發展地區特
色的觀念是一致的，加上今日政府內、外部的公共關係已成為趨
勢的觀點上來看，這些都是足以提高其對外的能見度的重要思考
方針，如此一來才能將施政、法令以及許多民眾的需求配合。

　　就拿台北市交通局所推動的婦女安全免付費叫車轉接系統，
便是一個例子；另外像台北縣、市「昌九對談、構築共榮」，共
同合作創造雙贏的高峰會議即是一種典型公關；還有歡迎到台中
市居住而由市長親自宣傳的公關列車，這一切所展現的便是一種
政府公共關係，因此如何掌握相關資源並加以發揮，將是許多公
關公司積極規劃的工作。

　　另外便是文化公關，然而以八十八年為例，因應原本的會計
年度改為曆年，因此編列中央預算由八十九年七月編到民國九十
年底，共編列十八個月之預算總額為新台幣二兆二千五百五十八
億元，其中文化支出為三百零九億元，占中央總預算的1.36％，這
其中文建會編列五十八億二千二百一十九萬三千元，只占中央預
算的0.25％；如再加上以下各部會的文化經費，更可看出文化政
策的無法有效連結與發揮其功能，例如新聞局編列五十六億二千
九百七十五萬三千元、經建會編列一百六十三萬五千元、教育部
編列十三億七千一百一十九萬七千元、蒙藏委員會編列二千一百

第十七章　政治公共關係法則　*261*

九十三萬五千元、僑委會編列七千九百三十三萬七千元、國防部則編列六億三千四百七十六萬五千元來看，對於台灣省所編列之二十九億四千三百萬元之文化行政及建設經費，似乎形成一種特殊的景象。

而文化公關中最重要的項目便是贊助，如何吸引贊助則可從以下原則歸納出一些端倪：(1)設法製造活動的獨特性；(2)建立與企業政府的關聯性；(3)考量民眾參與的空間性；(4)建立良好成本效益評估；(5)引發企業政府興趣；(6)導向贊助後形象之提升。

第四節　關說規範實例

在一九八九年八月十八日，調查局追查一起單純的高爾夫球場逃漏稅案，卻意外得到口供，法務部長蕭天讚涉嫌關說球場取得設立登記，事情因涉及知法玩法，並且有犯法的疑雲，因此社會一片嘩然。

一、關說疑雲

歷經八年後的今天，原偵辦本案的檢察官彭紹瑾，因對司法失去信心轉而從政；至於高爾夫球場負責人曾俊義，目前離台赴美；而涉及關說案而辭官下台的法務部長蕭天讚，目前擔任中央通訊社董事長，而這件喧騰一時卻沒有人被起訴的關說案，如今似乎早已為人所遺忘。

啟幕：一九八九年八月份，調查局調查第一高爾夫球場逃漏

稅案，偵辦過程中，教育部科長何敏在約談時供出，當時法務部長蕭天讚在一九八七年曾經爲了第一高爾夫球場的設立向他關說施壓。一九八九年八月二十一日，蕭天讚一方面召開記者會否認關說，另一方面於八月二十四日，蕭天讚請假。

然而此時檢察官彭紹瑾暗中展開偵訊工作，必須要借提何敏時，卻發生借提了五、六次都無所獲，八月二十號一直借，卻始終都借不到，台北地檢署一直不肯配合，以致一切呈現出毫無辦法的跡象；加上申請迴避奏效，高檢署更在九月十六日下令將此案移轉到毫無管轄權的基隆地檢署，儘管第一高球場負責人曾俊義坦承委託蕭天讚關說。

落幕：關說案在十月六日蕭天讚主動辭職後，因證據不足而以不起訴處分結案。

花絮：一九九七年八月八日，當年的導火線「林口第一高爾夫球場」被公告不得開放使用，但是綠地上的小白球依然飛舞，生意也依然鼎盛，而八年前的關說案則無聲無息走入歷史；足見涉及政治性的關說公關在政壇來說眞是司空見慣，只要不涉金錢上的賄賂或違背職務便與法律無關，可爲從事政治性公關者作爲參考借鏡。

二、關說規範

另外特權關說往往肇因於法律位階偏低，例如特權常介入的基金審查、投信籌設，均導因於審查制度的未透明化及管理法令的不健全，此點正是管理難題之所在。

　　高雄市政府暨所屬機關學校員工處理請託關說、贈受財物及飲宴應酬執行要點：

　　一、為建立本府暨所屬各機關學校（以下簡稱各機關）員工處理請託關說、贈受財物及飲宴應酬之規範，特依據「公務員服務法」及行政院頒「肅貪行動方案」，訂定本要點。

　　二、各機關員工遇有請託關說、贈受財物及飲宴應酬情事，作下列規定辦理：

1. 請託關說：請託關說以書面為之者，受理人員應準用「行政機關處理人民陳情案件要點」之規定處理，並簽報其長官及知會政風機構。

　　請託關說非以書面為之者，受請託或受關說人員應填寫「請託關說案件報告表」呈報其長官或上級機關首長核處，並知會政風機構。

　　請託關說以機關首長為對象者，該首長應將處理結果呈報其上級主管機關核備並知會政風機構。

　　前述所稱「請託關說」，係指其內容涉及非法，或因而對本機關業務之推行產生不當之決定，影響特定權利義務者。

2. 贈受財物：各機關員工除機關公務（含外交）禮儀之性質或婚、喪、喜、慶等正常社交禮儀及長官對屬員之獎勵、慰勉、救助者外，不宜接受與其職務「有利害關係」者餽贈之財物或其他利益。

　　前項所稱「公務禮儀」之贈予係指：

(1)因公在國內外訪問或接待來訪之國內外賓客，雙方互為
　　之贈與。

(2)與本機關業務有協調、配合、合作關係之機關、團體，
　　於工作聯繫拜會或年俗節日基於公誼互為之贈與。

(3)依禮貌、慣例或習俗所為公務上之贈與。

各機關員工與其職務有利害關係者之餽贈，應予婉拒退
還，並填寫「贈受財物案件報告表」簽報其長官並知會政
風機構；如無法退還，應於受贈之日起三日內將餽贈之財
物送交政風機構代為處理。

各機關員工對其親屬以外之他人的餽贈，雖無職務上利害
關係，如其價值超過正常社交禮俗之標準者，仍應依前項
規定辦理。

機關首長本人對他人所贈之財物，應視餽贈人或團體與其
職務有無利害關係，分別依前述3、4項規定處理，或囑由
政風機構代為處理。

各機關對於員工依前述規定將他人餽贈之財物送交處理
者，悉依下列規定辦理：

(1)其可作為犯罪證據者，依法定程序處理。

(2)前款以外之情形，政風單位應於一星期內取據退還原贈
　　與人。

(3)贈與人所在不明或因其他事故無法發還者，應於機關門
　　首辦理公告。

　　公告期間公告標的物其為現金者，由出納單位代為收存
　　並依會計程序入帳；其為物品者，由政風單位代為保

管。

(4)自公告之日起滿六個月，無人申請發還，其為現金者，由出納單位依規定程序辦理繳庫；其為現金以外之物品者，政風單位移請總務單位依事務管理規則規定程序辦理變賣，得款辦理繳庫。

(5)贈品屬易腐爛之水果、食品、罐頭、飲料、菸酒等無法退回時，免辦公告，於簽報首長核定後，會同相關單位銷燬。

(6)依第(2)至(5)項規定處理之結果，應簽報首長並知會受贈人及相關單位。

3.飲宴應酬：各機關員工對於其職務有利害關係或身分職務上不相宜之邀宴或其他應酬活動，應婉拒之，並填寫「飲宴應酬案件報告表」簽報長官，知會政風機構。

但因執行公務確有必要參加時，應簽報首長核准。

公務員於出差、視察、調查、參加會議等活動時，不得在茶點及執行公務確有必要之便餐以外，接受相關飲宴或其他應酬招待。

但基於公務（含外交）禮儀所需之餐聚，不在此限。

三、依本處理要點應由政風機構處理之事項，如該公務員所屬之機關（構）或學校未設政風機構者，由其人事單位處理，並將處理情形呈報上級人事單位。

四、公務員違反本要點規定，查其情節嚴重、有違公務員服務法規定者，由政風或人事機構以違反公務員服務法依法定程序

簽呈處理；踐行本要點有重大具體優良表現，堪資典範者，簽報
獎勵或表揚。

第五節　外交公關之危機處理

　　外交人員公共關係的建立與國際危機處理，倘若要嚴格地界
定的話，外交人員的功能大致可分成危機發生前與發生後兩階段
來加以說明。（註二）

　　危機發生前：即使危機發生得再突然，其事前必然有一定徵
兆可循，而危機決策需仰賴最正確的情報資訊，以及爭取最多的
決策時間，因此危機發生前，駐外人員的角色便是在為政府蒐集
正確的情報資料，從事深入的研判，並對政府提出建議與預警，
使政府能儘早作完善的預防措施。

　　危機發生後：駐外人員的任務則在於維護國家尊嚴，及將國
家利益之損失減至最低，例如對僑民提供立即的服務、與接受國
政府交涉、儘可能將接受國政情發展正確迅速地傳回國內等，而
這些工作的順利進行則有賴於平時之努力，與接受國朝野各黨派
建立溝通管道，並與其他國家駐外人員互通聲息，以便爭取建立
互助合作的外交第一時間關係。

　　而此項外交工作除在該國本身外，其中折衝尚包括國內，記
得報載巴紐外長為洽談建交來訪我國，臨行前開記者會時，被某
報女記者以兩手插腰衝向台前羞辱式的提問，讓外交人員，甚或
民眾感到瞠目結舌，即是一種外交危機形成的可能原因。一般國
家危機必然具有以下幾項特色：

1.涉及國家重大利益（vital interest）。

2.可能導致戰爭，或造成全球或區域國際體系重大變革。

3.具有突發性質、決策時間及參與層級有限等三項要素。

依據此一定義，任何會危及其繼續掌權的事件均可視爲危機。而霍斯提（K. J. Holsti）指出外交人員具有四大功能：

1.表現國家的象徵功能。

2.保護僑民的生命財產。

3.蒐集相關情報之資訊。

4.提供建議與制定政策。

雖然外交人員的功能，因爲現代科技發達，可以透過電話、電報、傳真、電腦網路直接溝通，也可經由國際媒體取得世界資訊，而使得外交人員之功能降低，且直接由國家元首進行「高峰外交」（summit diplomacy），而使得職業外交官的重要性因而下降。然而，駐外人員可對接受國進行近距離、直接觀察，取得最眞實的第一手資料並作深入之分析，將有助於政府制定最完善的政策。此外，駐外人員在接受國中可建立豐富的公關人脈關係，遇有突發事件發生時就可發揮最大的功能，這些功能在政府處理國際危機時仍然具有相當的重要性。

第六節　錯誤示範與結語

養水母風潮方興未艾，但因民眾不懂飼養的方法，而導致保

育上的疑問，於是台北市政府委託中華民國水族協會製作「認識水母、保育水母」宣導手冊，上面記載飼養水母的標準環境，包括二十四至二十五度水溫、每天十至十二小時光照、二至三小時便要餵食一次浮游生物，夏天時需要冷卻器降溫，過濾器也應防止水母被吸入。

然而現場宣導剛結束，只見市府員工立刻人手拿著免洗杯、茶杯、糖果罐等容器，在水族協會會員的協助下，撈水母回辦公室欣賞，雖然經建設局長發現將水母收回，但這種行為正巧被新聞媒體及民眾發現，成為建設局在宣導保育觀念的公關上一大諷刺的錯誤示範，而這也是政府行政公關上頗值得關注的一項課題。

另外這次台北淡水捷運兒童意外事件，便顯露出捷運公司平常並未落實處理危機的事前演習，因為類似此種事件應該透過各種傳播媒體將緊急處理程序告訴社會大眾，因此這次事故的「機會教育」，應作為捷運未來製作各種應變手冊及宣導公關的借鏡！

記得朱高正曾經說過：「政治是最高明的騙術。」不知有無人認同；但是至少在選舉虛報大量幽靈人口上，司法並不被認為涉及妨害投票，而僅是違反戶籍法之相關行政法而已，您認為呢？

相信在閱讀過以上各章的一些公關資訊後，必然能體會政治公關與一般公關的產品宣傳訴求不同，所以在「群眾溝通」上必須有所區隔，而此一區隔重點便在接受政治訊息、認同政治人物，以及支持公共議題上的配合與了解，而此類活動必須注意在有限的時空、籌碼中，去設法追逐並導引捉摸不定的潛在民眾，而這

些設計規劃的公關課題便在強調簡單的認同口號，透過政治傳播通路，開發選舉、政治資金募集、遊說的範疇，此種整合社會資源的脈動切入，將是此項政治公關的重要生存關鍵。

註一：許濱松，〈文官制度與行政中立的設計與建立〉，《政策月刊》，第18期。

註二：林文程，〈外交工作的危機處理〉，《政策月刊》，第25期。

第十八章　警政公共關係法則

　　過去警察是人民保母，凡事都要管；現在警察是人民保母，凡事都要索錢或者採用誘補的方式，如此惡劣的印象一直存在人民的心中，其實是非常不好的示範，因此如何改善這種形象，以及建立警察的正確法治觀念，該是現行警察機關首長的當務之急啊！

　　同時最近警方假藉公文信函或者「你的車子與人發生擦撞，請到局裡來說明」等「誘補」或「釣魚」的辦案技巧，基本上業已違反程序正義及偽造文書罪嫌的疑問，另外像台北市交通大隊員警酒醉駕車肇事，及例假日黃線停車免拖吊遭質疑之公權力退票等種種負面形象均有待改善，所以警界的EAPS落實計畫，若未及早建立，勢必使得將來員警辦案動輒得咎，而產生許多的問題，這點在警界公關的法治考量上，必須加以釐清其迫切的需求性與使命感，因此將在第二節中提出一系列個案來闡述警政公關的重要性。

　　最近警政署向光研企業股份有限公司訂購防彈衣及板的糾紛，也可以發現其內部控管的不成熟，這點在警政公關的環節中，勢必會影響到未來與警政單位採購上的一些爭議發生點。

　　另外像保四總隊違建之靶場失火案，以及台中縣警局與內政部長在一場破案績效座談會中一位分局長提出一個譬喻：「一群

研究生中只有一個研究生未作弊，所以期末教授只有讓未作弊的過關，而這其中隱指警界吃案、偽造及灌水的疑雲」；凡此種種均讓警界上層主管與基層主管間，形成一種對立的溝通盲點，如何導正執法守法的基本觀念，將是警政公關未來必須加以注意的一項要事。

其實今日警政公關一直以來都未將專業落實，因為畢竟公關的特質是無法也不可能去模仿的，所以身為政府部門更應該注意這個問題的重要性，像行政院有新聞局、縣市政府有新聞處，其實這些都是公關的延伸，因為政府形象的包裝必須要具體，否則一旦面臨風紀問題，首先便會被質疑，就像案例三中有關警政署公關主任涉嫌違法搜索民宅的過去經歷，反而成為一種警政公關的包袱，所以唯有將角色搬移開來，才能毫無後顧之憂！

另外執行警察工作第一線的分駐（派出所），在面臨社會迅速變遷現象，除了扮演維護治安的角色，更包括犯罪偵防、交通犯罪偵防、民防工作、為民服務等工作，然而他們在崗位上的角色，卻試圖將自身當作法律專家、社會工作者、犯罪學家、心理學者以及第一層的公共關係專家，實在是本末倒置的一種謬誤的公關認知。

因為以其經驗、技能是否能將所有專業領域工作一一落實都已是疑問？更遑論其是否都有高績效表現，因此針對警察勤務的不同適應狀況，必須以「分工合作」之方式，指派其擔任特定工作，才能適才適所，因材施用，提高工作績效，否則只會讓亂象成為基層警界取代整體警界負面的公關示範。

另外一件十分重要的關鍵便是警政單位必須加強執法者的法

治教育，否則任何公關都是白費心力，因為若執法者缺乏法律應有的基本概念認知，那麼所有警界的公關只是空談而不切實際。

第一節　案例解析之一——外勞僱用案

　　大約在半年前，一對分別在台北市開設耳鼻喉科和牙科診所的邱姓醫師夫婦，因為女醫師懷孕，家裡需要僱請幫傭，於是便透過友人協助尋找幫傭，經輾轉介紹來了一名年輕菲籍幫傭麗莎，她應徵時強調自己是合法來台工作，而邱姓夫婦因需傭孔急，當天就讓麗莎上班。

　　雖然麗莎工作很勤快，可是有一點讓醫師夫婦放心不下，就是她一直拿不出合法的身分證件，雖經女醫師催了幾次，卻均無下文，所以心中有點起疑，而於一週後帶著麗莎到台北市警文山二分局，請求一名警所值班員警協助查詢麗莎身分，以了解能否僱用？

　　警員一查卻發現麗莎是逾期外勞，一旦僱用，雇主將吃上官司，女醫師正慶幸自己能免除一場官司之時，適巧出現一名分局相關業務單位長官，認為女醫師已有聘僱麗莎的事實，需依違反就業服務法罪嫌將雇主移送法辦。

　　案件接著交請刑事組移送，受理員警郝文玲發現大腹便便的女雇主淚眼汪汪，邱姓丈夫也獲通知趕來，郝員不得不依職權移送，但他深入製作一份詳細的複訊筆錄，詳載女醫師所有有利的陳述，才將全案移送檢方偵辦，案子最後不起訴處分！

　　【解析】　民眾對警察形象的好壞認定，往往就在一剎那之

間作成決定，但警察形象是好是壞，靠的卻是每一位員警平時堅持大是大非的點滴累積；凡事該替當事者想一想，千萬不要好大喜功、昧著良心，小案大辦；或者大案小辦（避重就輕）或著存著吃案心態處理。

因爲法律尤其刑事案件強調「案重初供」的原則，一被咬死則以後想在官司中脫身，恐怕會變得十分困難了，這點亦適用在調查局之辦案！

以本案來說，任何一件違反就業服務法的案件，若因當事人爲避免犯罪而出面，卻因此而成爲「罪犯」的不良陰影存在民眾的心中時，勢必將讓更多善良的百姓，不敢也不願出面來揭發不法或者查詢事實了，此點足爲警政教育的一段佳話。

至於依就業服務法第五十三條之規定如次：

1. 聘僱或留用未經許可或許可失效之外國人。
2. 以本人名義聘請外國人爲他人工作者。
3. 未經許可聘僱或留用他人所申請聘僱之外國人。
4. 指派所聘僱之外國人從事申請許可之外之工作。

依同法第五十八條對於觸犯1、2、3款規定者：(1)其聘僱或留用人數爲一人者，處六個月以下有期徒刑、拘役或科或併科新台幣九萬元以下罰金；(2)其聘僱或留用人數爲二人以上者，處三年以下有期徒刑、拘役或科或併科新台幣三十萬元以下罰金。

依同法第六十二條對於觸犯4.款規定者，處新台幣三千元以上三萬元以下罰鍰。

同時對於本案就算邱姓醫師夫婦已經僱用麗莎，但是其在未

被發覺前，即主動前往警局查詢，其是否有構成犯罪應不知，所以亦無從為自首，所以基本上此時應考量其犯罪之情狀，依刑法第五十九條認為可憫恕者，得減輕其刑外；依六十一條尚可為裁判免除其刑。不過本案檢察官應係以刑事訴訟法第二百五十三條為依刑法第五十七條所列認為以不起訴處分為適當之情形。

第二節　案例解析之二——假作筆錄案

　　高雄市調處偵辦高雄市警交通大隊員警偽造車禍紀錄向保險公司詐財案，而在偵辦交大員警與不良份子謝某、修車廠業者掛勾，涉嫌找來損壞或報廢的車輛，製造假車禍現場，讓交警拍照存證，並偽造交通事故調查報告表後，推入修車廠假裝修護，實際上卻找來同款車輛供保險公司檢查，共詐領一千多萬元保險金。卻意外查出現任市警局勤務中心主任的三線一星李姓警官其於八十二年底發生車禍時，駕駛公務車在高市三民區九如路老人公園附近與一轎車相撞，李警官當時要人代為處理，自己先離開，事後卻透過交大二線一星的黃姓督察員，要求承辦交警將車禍紀錄改為李員的司機頂替和人發生車禍，而涉嫌偽造文書。

　　【解析】　　本案姑且不論李員是否要求承辦之交警將車禍紀錄改為李員的司機頂替和人發生車禍，凡是有人假藉職務上之便利觸犯法律，便應該明白法律本身對此處罰之規定，以便作為借鏡。

　　而公務員對於偽造交通事故調查報告表後，將車推入修車廠假裝修護，實際上卻找來同款車輛供保險公司檢查，共詐領一千

多萬元保險金；如屬實則應依貪污治罪條例第五條第一項第二款
為觸犯較重貪污行為，即利用職務上之機會，詐取財務，應處七
年以上有期徒刑，得併科新台幣六千萬元以下罰金。

同時該條例第十三條之規定：(1)直屬主管長官對於所屬人
員，明知貪污有據，而予以庇護或不為舉發者，處一年以上、七
年以下有期徒刑；(2)公務機關主管機關，對於受其委託承辦公務
之人員，明知貪污有據，而予以庇護或不為舉發者，處六月以上、
五年以下有期徒刑。

在此案中之交警部分：(1)因無法獲知其確曾因此而圖利或收
賄時，則應回歸刑法，而依刑法第二百十三條之規定以公務員明
知為不實之事項，而登載於職務上掌管之公文書，足以生損害於
公眾或他人者，處一年以上七年以下有期徒刑；(2)但是如果因此
而收受好處，則分是否違背職務論處不同罪責：

1. 違背職務：則為貪污治罪條例第四條第一項第五款對於違
   背職務之行為收受賄賂及其他不正利益，而處無期徒刑、
   十年以上有期徒刑，得併科新台幣一億元以下罰金。
2. 未違職務：則為貪污治罪條例第五條第一項第三款對於職
   務上之行為收受賄賂及其他不正利益，而處七年以上有期
   徒刑，得併科新台幣六千萬元以下罰金。

事實上保險理賠必須附上官方證明，所以才造就上下其手之
弊；而法律講究的是證據的舉證，如果無法舉證，保險公司往往
無力，只能認賠！

當然在此均為新聞幕前的說法，這其中在偵訊過程中，李警

官亦有其權益保障，即是否被誣攀（共同被告不利於己的陳述，依刑事訴訟法第二百七十條第二項規定，仍應調查其他必要證據，以察是否與事實相符，自難專憑此項供述，爲其他共同被告犯罪事實之認定，參三十一年上字第二四二三號判例）。如有誣攀依刑法第一百六十九條意圖使他人受刑事或懲戒處分，向該管公務員誣告者，將處七年以下有期徒刑。

　　同樣在此必須說明的是依據貪污治罪條例第八條第一項之規定，於犯罪後自首，如有所得並自動繳交全部所得財務者，減輕或免除其刑；因而查獲共犯者，免除其刑。其第二項則規定在偵查中自白，如有所得並自動繳交全部所得財務者，減輕其刑；因而查獲其他共犯者，減輕或免除其刑。而行賄者不論是否具有公務員身分依同法第十一條之規定，處一年以上七年以下有期徒刑，得併科三百萬元以下罰金。如自首，免除其刑；在偵查或審判中自白者，減輕或免除其刑。

第三節　案例解析之三──違法搜索民宅案

　　民國七十九年三月梁警官率領大批警員，以圍補十大槍擊要犯林來福爲名，強行破門侵入作家孟祥柯（筆名孟絕子）之住宅，警方四處搜索後，發現林來福不在屋內，隨即悻悻然離去，當時孟祥柯曾要求出示搜索票，據稱帶隊警官說：「要什麼搜索票？」因此檢方擬以違法搜索加以起訴。

　　【解析】　本案的關鍵便在於過去警調人員往往爲便於辦案，而根本忽視程序上的合法性，就拿本案來說，依刑事訴訟法

第一百二十八條之規定，搜索應用搜索票：「搜索票應記載被告或應扣押之物；應加搜索之處所、身體或物件，同時應由檢察官或法官簽名」。

除非有刑事訴訟法第一百三十一條之情形而可逕行搜索，其要件爲：(1)因逮補被告或執行拘提、羈押者；(2)因追攝現行犯或逮補脫逃者；(3)有事實足信爲有人在內犯罪而情形急迫者。 （例如線民密報）

基本上會發生爭議的往往是利用第三項作爲警、調的護身符，但是本案當中警官之所以無法以此脫身，係因其無法提出線民檢舉的電話公文紀錄佐證，因此依法即觸犯刑法第三百零七條的違法搜索罪：即不依法令搜索（限於有搜索權之人，參三十二年非字第二六五）他人身體、住宅、建築物、舟、車或航空機者，處兩年以下有期徒刑、拘役或三百元以下罰金；但是法界有認爲其如在逕行搜索後二十四小時報請檢察官補請搜索票（不過仍需提出相關事證讓檢察官信服），則可補正程序上之瑕疵，此點筆者則不敢苟同於事後認定標準是否統一之疑問。

不過本案至今必須進一步考量刑法第八十條追訴權時效期間爲五年；且實務上目前以檢察官開始偵辦起算（至於是否包括警方則仍存有爭議），因此必須注意法律的規範，以免權益受損；當然在此有無妨害自由之刑責而時效未超過，則頗值得探究。

因此現代人必須了解到自己權益必須靠自己爭取，對於不合法的搜索應據理力爭，別因不懂法律而受到不當的迫害。

第四節　案例解析之四——刑求人犯致死案

台北縣警瑞芳分局刑事組王小隊長等五名刑警,在八十六年五月二十九日前往土城看守所,向劉檢察官借提違反麻醉藥品管理條例在押李姓嫌犯等人,調查其是否涉及林信義遭槍擊案,但李某卻在偵訊中突然休克,經緊急送亞東醫院急救,但仍於當日深夜不治,案經檢察官以過失殺人罪起訴。

【解析】　本案王小隊長聲稱於偵訊李嫌時,因其情緒激動,不斷作勢撞牆,並表示要自殺,而王隊長等人便將李嫌的牙齒分開,以毛巾塞入口中,並以柔道帶予以捆綁,未料其一直在地上打滾,而此時以壓制的方式,卻未曾顧及避免危險的發生,且因口中塞入毛巾,引起噁心、嘔吐,又因無法吐出嘔吐物,終因吸入異物於氣管及肺內引發窒息致死,此處雖被害人家屬質疑應為刑法第一百二十五條之凌虐人犯致死罪,不過未被檢方採信,而以過失致人於死罪嫌起訴;因此實務運用上必須釐清二者的區別,即在於前者必須具備:

1. 有管收、解送或拘禁職務之公務員。
2. 對犯人的舉動未予適當的處置。
3. 超越管束的必要限度。
4. 未顧及人犯的身體及人格。

此點可援引三十二年上字二四○三號判例:「有拘禁人犯之責之看守,對於所內病犯高聲喊叫,不予適當之處置,竟將其鎖

繫於舍外之鐵閘，顯係超越管束之必要限度，且於病犯之身體及人格毫未顧及，其凌虐人犯之職責，自屬無可解免。」作為論罪科刑的重要法律依據，而此罪應依該法條第二項處三年以上、十年以下有期徒刑；但依同法第十七條若未能預見則不適用，而仍依該法條第一項處一年以上、七年以下有期徒刑。

而後者只需單純對於危險之防止，應注意而未注意，其過失與死亡間，即有相當因果關係，便令其負刑責，是有所不同；不過本案應係屬刑法二百七十六條第二項從事業務之過失致死罪，而論處五年以下有期徒刑或拘役，得併科三千元以下罰金之罪嫌，因此警政教育的基礎公關學上，應將此列入勤務教育中，教導防免此意外事件的發生，而避開使本身無端涉訟之累。

附錄　現行警政法規之適用

■ 警政類
1. 警察法。
2. 警察勤務條例。
3. 警察人員管理條例。
4. 警械使用條例。
5. 調度司法警察條例。
6. 警察服制條例。
7. 警察獎章條例。

■ 執行類
1. 社會秩序維護法。

2.檢肅流氓條例。

3.家庭暴力防治法。

4.道路交通管理處罰條例。

5.集會遊行法。

6.刑法。

7.性侵害犯罪防治條例。

■ **組織類**

1.內政部警政署組織條例。

2.內政部警政署航空警察局組織條例。

3.內政部警政署水上警察局組織條例。

4.內政部警政署保安警察總隊組織通則。

5.內政部警政署國道公路警察局組織條例。

6.內政部警政署刑事警察局組織條例。

7.內政部警政署國家公園警察大隊組織條例。

國內公共關係中文及翻譯書籍概覽

書名	作（譯）者	出版社	出版年
公關雜誌	公關基金會		
危機管理	吳宜蓁、徐詠絮 譯	五南圖書	(85)
危機管理	秋毅	中華徵信社	(88)
實戰公關	Quentin Bell	方智出版社	(84)
公關贏家	陳雨鑫	平安出版社	(84)
個人公關	蘿安	天下文化	(84)
情境公關	王明耀	遠流出版社	(85)
魅力公關	方蘭生	希代出版社 天一圖書經銷	(83)
公關趨勢	蔡松齡	遠流出版社	(81)
公關贏家	陳雨鑫	平氏出版社	(84)
公共關係	Dennis L. Wilcox ph.	授學出版社	(82)
公共關係	孫秀慧	正中圖書	(86)
公共關係	趙嬰	五南圖書	(76)
公共關係	王誠明	華聯出版社	(55)
公共關係	王洪鈞	華視文化	(72)

書名	作（譯）者	出版社	出版年
公共關係	楊乃藩	允晨出版社	(73)
公共關係	王德馨、俞成業	三民書局	(82)
公共關係	林靜伶、吳宜蓁、黃懿慧	國立空中大學	(85)
形象公關	孔誠志等著	科技圖書	(87)
群衆公關	Lawvence Susskind	稻田出版社	(86)
公關魅力	楊華明	私房書屋	(87)
公關高手	Susan RoAne	天下文化	(84)
溝通高手	陸炳文	平安文化	(86)
議題管理	吳宜蓁	正中圖書	(87)
超級說客	蘇珊·特倫托	新新聞文化	(84)
公關手冊	巴克赫斯特	遠流出版社	(76)
公關與企管	David Finn	黎明文化	(81)
公關基本法	紀華強	世界商業文庫	(85)
公共關係學	張在山	五南圖書	(83)
公共關係學	明安香	博遠出版社	(82)
幽默與公關	趙康太	商鼎出版社	(83)
新公關時代	梁吳蓓琳	方智出版社	(84)
速成妙公關	祝振華	方智出版社	(83)
零距離公關	何思靜	華碩文化	(87)
打開知名度	巴克赫斯特	遠流出版社	(75)

書名	作（譯）者	出版社	出版年
PR公共關係	Jordan Gold-man	朝陽堂	(79)
企業公共關係	Edward Starr	聯經出版社	(66)
學校公共關係	陳慧玲	師大書苑	(83)
有效公共關係	史考特、卡特李普、亞倫	五南圖書	(80)
選舉公關大餅	紀贏寰	平氏出版社	(84)
調查數字公關	鍾起惠	大村文化	(81)
企業公共關係	黃深勳	空中大學	(86)
公共關係實務	王鳳璋、方宏進原著	書泉出版社	(79)
成為公關高手	蘇中賢	台灣廣廈	(85)
公關寫作手冊	湯瑪斯‧畢文斯	授學出版社	(78)
國際公關實務	王慧芬 Mar-garet Naiiy 原著	遠流出版社	(83)
公關現場實錄	Danny Mos著宋偉航譯	遠流出版社	(83)
公關活動規劃	Robert E. Sim-mons	五南圖書	(86)
公共關係實務	王鳳璋、方宏進	書泉出版社	(79)
公共關係研究	趙嬰	經世出版社	(75)
公共關係規劃	蔡坤章譯	五南圖書	(83)

書名	作（譯）者	出版社	出版年
公關語言妙用	楊志岐	漢欣出版社	(84)
公關行銷策略	喬爾登・高得曼	授學出版社	(80)
實用公共關係學	董彭年	幼獅出版社	(53)
成功的公共關係	Claire Austin	貓頭鷹出版社	(84)
他們的公關藝術	顏兆誠	稻田出版社	(86)
公關事事皆學問	方蘭生	探索文化	(86)
全方位個人公關	Anne Naylor	圓神出版社	(84)
雙向溝通做公關	紀華強	華碩文化	(87)
公關與危機處理	陸炳文	南海出版社	(81)
實用公共關係學	Fraser Seitel	天一圖書	(87)
實用公共基本法	紀華強	漢宇出版社	(86)
孫子兵法與公關	檀明山	正展出版社	(87)
頂尖公關藍皮書	沈家戎	藝賞文化	(87)
萬人迷公關技巧	劉國強	旭屋文化	(88)
最新公共關係實務	池田喜作	嘉勵出版社	(58)
爲你公司做好公關	Erank Jefkins	商周出版社	(81)
如何成爲公關高手	高維諾	漢昇出版社	(85)
危機管理診斷手冊	Zan I. Mitroff Chn	五南圖書	(85)

書名	作（譯）者	出版社	出版年
公共關係研究與發展	吳紹遠	自版	(60)
危機管理與公關運作	霍士富編譯	超越企管	(85)
公關實務技巧與應用	林傑斌、鄧冠珠	超越企管發行、清華管科經銷	(81)
如何建立良好的公關	瓊・懷特博士	業強出版社	(81)
如何選擇公關公司	Thomas Harris	滾石文化	(86)
Q & A 公關 Event——本土案例的思考與分析	蔡體楨	商周出版社	(81)
哈佛學不到的公關藝術	楊中明編	慧象出版社	(87)
學校公共關係的理論與實務	李義男	五南圖書	(84)
如何避免公關常犯的20個錯誤	Jon White	授學出版社	(77)
如何建立良好的公關	艾力克・班	業強出版社	(86)

書名	作（譯）者	出版社	出版年
長袖善舞（公關藝術八十六要點)	霍士富	台北國際商學	(86)
無限影響力（公關的藝術)	狄倫施耐德著 賈士蘅譯	天下文化	(81)
全面公關時代——打造企業公關的新形象	羅傑‧海伍德	美商麥格羅‧希爾	(87)

現代公共關係法　　　　　　　　　　　社會叢書 12

編　　著／劉俊麟
出 版 者／揚智文化事業股份有限公司
發 行 人／葉忠賢
總 編 輯／孟　樊
執行編輯／晏華璞
登 記 證／局版北市業字第 1117 號
地　　址／台北市新生南路三段 88 號 5 樓之 6
電　　話／(02)2366-0309　2366-0313
傳　　真／(02)2366-0310
E - m a i l／tn605547@ms6.tisnet.net.tw
網　　址／http://www.ycrc.com.tw
郵撥帳號／14534976
戶　　名／揚智文化事業股份有限公司
印　　刷／偉勵彩色印刷股份有限公司
法律顧問／北辰著作權事務所　蕭雄淋律師
初版一刷／1999 年 11 月
定　　價／新台幣 280 元
I S B N／957-818-054-3

南區總經銷／昱泓圖書有限公司
地　　址／嘉義市通化四街 45 號
電　　話／(05)231-1949　231-1572
傳　　真／(05)231-1002

國家圖書館出版品預行編目資料

現代公共關係法 / 劉俊麟編著. -- 初版. -- 台
北市：揚智文化, 1999 [民 88]
　　面；　公分. -- （社會叢書；12）
參考書目：面
ISBN　957-818-054-3（平裝）

　1. 公共關係 – 法令,規則等

541.84023　　　　　　　　　　88012436